记忆天才的第一堂大脑训练课

30天练成过目不忘的最强大脑

安 尼◎著

中华工商联合出版社

图书在版编目（CIP）数据

记忆天才的第一堂大脑训练课：30天练成过目不忘的最强大脑／安尼著. —北京：中华工商联合出版社，2015.11

ISBN 978-7-5158-1068-3

I. ①记… II. ①安… III. ①记忆术 IV. ①B842.3

中国版本图书馆CIP数据核字（2016）第001222号

记忆天才的第一堂大脑训练课：30天练成过目不忘的最强大脑

作　　者：安　尼
责任编辑：胡小英　邵桄炜
装帧设计：润和佳艺
责任审读：李　征
责任印制：迈致红
出版发行：中华工商联合出版社有限责任公司
印　　刷：大厂回族自治县彩虹印刷有限公司
版　　次：2016年2月第1版
印　　次：2018年3月第5次印刷
开　　本：710×1000mm　1/16
字　　数：224千字
印　　张：14
书　　号：ISBN 978-7-5158-1068-3
定　　价：35.00元

服务热线：010-58301130
销售热线：010-58302813
地址邮编：北京市西城区西环广场A座
19-20层，100044
http://www.chgslcbs.cn
E-mail：cicap1202@sina.com（营销中心）
E-mail：gslzbs@sina.com（总编室）

前言
preface

科学使用大脑，每个人都是记忆天才

大脑是人体最重要的器官，它对人类的重要性是不言而喻的。如今，认识自己的大脑，开发大脑潜能是许多国家和地区的科学家们研究的课题。美国、日本和欧洲的许多国家纷纷在 20 世纪 90 年代制订了脑科学研究的长远计划，并且宣布即将到来的 21 世纪是“脑科学时代”。早在 1989 年，美国就将 20 世纪的最后一个十年命名为“脑的十年”，其重点在于对脑的保护和疾病的预防；欧洲的“脑的十年”的重点除了保护脑之外，还要求人们了解脑；日本在 1996 年制订了“脑科学时代计划”，这个计划将创造脑、了解脑和保护脑并列为日本脑研究的三大目标。

随着时间的推移，科学家们对人脑的研究愈发深入，在脑科学领域有了很多新的发现，取得了惊人的成果。这些发现能让我们进一步认识自己的大脑，进而更好地发挥大脑的功能。

英国著名心理学家托尼·伯赞曾表示，人的大脑就像是一个沉睡的巨人。联合国教科文组织国际教育发展委员会总结了全球关于大脑研究的惊人成果：“近几年，我们在大脑的研究和生物化学科学方面所取得的突破，已经使我们更加清晰和客观地理解了人类的行为、心理机制和学习过程。但是，这些新发现都无一例外地显示了一个惊人的事实：人的大脑中还有很大一部分潜力没有被利用，根据某些权威多少带点武断的估计，这部分未曾利用的大脑潜力竟高达 90%。”

人们对爱因斯坦的大脑进行解剖后研究发现，即便像他这样伟大的科学家，也只激发出了大脑 1/10 的潜能。而普通人只充分利用了脑细胞的 5%，剩下的 95% 的脑细胞处于“冬眠”状态，让我们感到惊讶的是，有些人甚至只用了 2% 的脑细胞！

所以，有学者曾表示：随着科学的发展，人们对脑构造和功能的了解会变得更加深入，到那时人类将会为隐藏在自己脑内的巨大潜能所震惊。如果人们能够充分利用这些被隐藏的潜能，那么大脑可贮存的信息量相当于五亿本书那么多。这样一来，普通人就可以很轻松地掌握四十多种语言，拿二十多个博士学位！

人脑是世界上最复杂，也是效率最高的信息处理系统。理论上讲，人脑能够以每秒1000个信息单位的速度迅速记录下周围发生的一切事情，不论大小，人脑就像一台信息处理机一样。也有实验证明，人脑能在几百分之一秒的时间内接收外界传来的人脸的影像，只需要花费1/4秒的时间就能分析出这张脸的详细情况，并且把这些情况综合成一个整体。随后，大脑就会从自身的“记忆库”中储存的无数张面孔中识别这张映入眼帘的面孔，看看自己之前是否见到过它。如果之前见过这张面孔，那么大脑还能回忆起与这张脸相关的详细的资料，以上全部过程不到一秒钟。由此可见，大脑的运转速度、处理信息的能力是很快速的。如果将人脑的潜能全部发掘出来，那我们的生活会变成什么样呢？

在生活中，你是否有这样的感觉，我们学会一首陌生的歌曲的时间要比背诵一段英语课文快得多。一首歌包含歌词、旋律、节奏，其内容远远要比一段英语课文复杂，但是为什么我们能在短时间内记住，而背诵课文却没有那么容易呢？这是因为当我们在听一首歌的时候，我们的左脑负责处理歌词，而右脑则负责处理旋律。所以，我们就能很容易地学会一首陌生的歌曲。这并不是偶然的现象，因为你的左脑和右脑全部都活动起来了，因此能够更快更好地记忆。通常而言，顶尖天才们甚少只具有单方面的能力，他们之所以卓越优秀，是因为他们善于运用全脑的结果。

爱因斯坦的左脑和右脑都非常发达，而且他的小提琴演奏具有专业水准。右脑使他能大胆想象，创意不断，而左脑使他思维缜密，善于进行逻辑推理。他非凡的科学成果就在左右的脑密切配合之中被创造和发明出来。在进行创造性思维的时候，通常都是先右脑后左脑。在右脑处理阶段中，人们利用右脑的流畅性及其功能，去把握视觉形式的复杂表象，最终进行成功转化。

由此可见，我们在进行大脑潜能开发的时候，对右脑的开发是不容忽略的。而我国传统的教育模式主要侧重于左脑的功能，因此长期忽略了右脑的开发。这就是很多学生在上课的时候感到无聊、枯燥甚至犯困的原因。只用半边脑工作就如同用一条腿走路一样，只有一半残缺的智慧。一条腿走路与两条腿走路、两条腿飞奔相比，效率相差绝不只是一半。但是，如果你利用了整个大脑的力量，挑战、思索、创新就会充满你的大脑，吸引你的注意力，自然会学得更快、更好、更牢。

在这个全民都重视大脑潜能开发的时代，你做好迎接“脑科学时代”到来的准备了吗？其实，只要我们能了解脑、保护脑进而创造脑的奇迹，掌握大脑的规律，就能充分激活 90% 的还在“冬眠”的脑细胞，你沉睡的大脑将被彻底唤醒！

目录

第一章

第二章

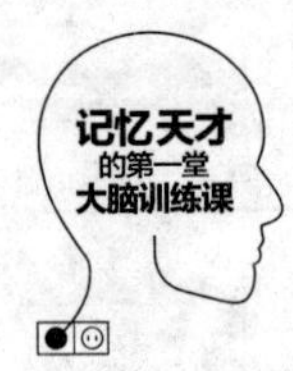
记忆天才
的第一堂
大脑训练课

第四章

第五章

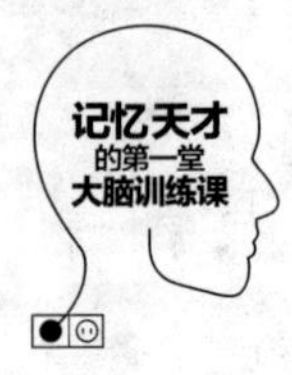

附录

第一章　不同思维方式激活大脑潜能

Different way of thinking to activate the brain potential

- 生动直观的形象思维法
- 科学严谨的抽象思维法
- 流畅多变的发散思维法
- 有悖常规的逆向思维法
- 科学全面的系统思维法
- 思维导图绘出人类大脑的秘密地图
- 曼陀罗思考法重构你的思维方式

生动直观的形象思维法

有科学家研究认为，人们如果能够综合运用形象思维法和抽象思维法将有助于促进大脑两半球功能平衡协作发展，同时能激活我们的大脑潜能，极大地提高我们的学习能力和效率。

心理学家认为，人脑是生物学的超级电子计算机，可是人们对其非凡的功能还知之甚少，我们对自己头脑当中复杂的神经网络的了解远不如我们对于外界发生的事知道的多。几千年来，我们对大脑的功能都不甚了解，直到近代才有了一些发展。在前面我们也提到过，我们的左脑主要具有语言符号、分析、逻辑推理以及计算数字等抽象思维功能；而我们的右脑则主要具有非言语的、综合的、形象的、空间位置的、音乐的等形象思维的功能，所以，我们可以这样认为，左脑是我们的抽象思维中枢，而右脑是我们的形象思维中枢。

从大脑两半球的功能特点来看，左右半脑中主要储存着两种信息，即语言信息和形象信息；同样也存在两种不同的编码系统，即抽象记忆、抽象思维与形象记忆、形象思维。由此可见，形象思维与抽象思维是我们思维的基本方法。

所谓形象思维主要是用直观形象和表象解决问题的思维。形象思维的具体特点是具体形象性、完整性和跳跃性。形象思维是用表象来进行分析、综合、抽象、概括的过程。当人利用他已有的表象解决问题时，有助于表象进行联想、想象，通过抽象概括构成一幅新形象时，这种思维过程就是形象思维。所以，利用表象进行思维活动、解决问题的方法就是形象思维法。比如，一个人想要外出，那么在此之前他就要考虑环境、气候以及交通工具等情况，然后经过分析比较选择出一条最佳线路，如果是远途的话，那么他还要考虑当地的气候条件，以及自己需要带的衣物。这种利用表象进行的思维就是形象思维。形象思维作为人类的高级思维模式，在学习工作和生活中经常被运用。

想象是形象思维的最高级形式，它兼具有形象性、新颖性、创造性和高度概括的特点。不过想象力不是凭空产生的，它是人们经验累积的结果，人们的想象的内容和想象力的水平都会受到社会历史条件和生活条件的制约和影响。就像《西游记》里的孙悟空，尽管他有着七十二般变化，但是每种变化都没有超越当时科学发展和时代水平。

根据想象的有无目的性和自觉性，可以把想象分为无意想象和有意想象，而有意想象又可以分为再造想象、创造想象以及幻象。形象思维活动对我们的右脑开发具有重要的意义和作用。

既然形象思维对我们具有如此重要的意义，那么应该怎样训练我

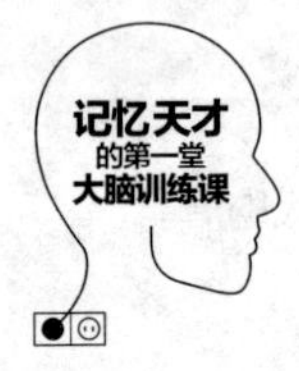

们的形象思维呢？

首先，要累积足够多的形象材料。

在日常生活、娱乐活动、看电视、欣赏音乐、学习活动、参观、旅游、家务和社会实践活动中，要尽可能地扩展自己对自然和人类活动中事物形象的掌握，有意识地观察事物形象，广泛积累表象材料，丰富大脑中的表象储备。不要担心自己积累得过多，因为我们的头脑能够储存很多表象，而且头脑中的表象越多，我们的右脑就会越灵活，同时也能为形象思维提供形象原料。

诺贝尔物理学奖得主格拉肖曾公开表示：“涉猎多方面的学问可以开阔思想，像抽时间读读小说，逛逛动物园都有好处，可以帮助提高想象力，这同理解力和记忆力一样重要。假如你从来没有见过大象，你能想象出这种奇形怪状的东西吗？我这样讲，有的人听起来可能会感到奇怪。但是在我们研究物理问题的时候，往往会用到现实世界的各种形式。对世界或人类社会的事物形象掌握得越多，越有助于抽象思维。”

格拉肖的这段话揭示出，丰富的表象存储不论是对于形象思维还是抽象思维都有很大的帮助。

其次，要积极开展形象丰富生动的联想和想象活动。

不要束缚自己的想象，要让自己尽可能地展开丰富生动的联想和想象活动。这是因为当某种新信息在我们的脑海中激发起与之有关的信息时，比如一种味道、一段回忆等，这些都会让新信息在脑海中更加真实的浮现出来。实际上，当我们在针对某个物体或事物进行联想或想象的时候，是在对事物或物体本身进行不断地重复记忆，从而能将它牢牢记在脑海中。而且，还能达到一箭双雕的效果，我们不仅能对眼前的新事物有所认识，而且还巩固了旧有的知识。

当然，想象和联想的类型有很多，而最为理想的方式是同时进行多层次的联系。

1. 相似性联想

这种联想方法较为常见。比如，当你在国外旅游的时候，你可能会突然发现，当地的景色同和你的国家的某个地方的景色十分相似。

视觉可以带给我们相似性联想，同样，其他感官也可以带给我们相似性联想。比如，你刚刚上幼儿园的侄子能够脱口背出 20 以内的双数，你感到十分惊讶，但是他却告诉你，这些数字很好记，因为它们排列得就像是一段楼梯一样。

在生活中，尽量养成对周围的事物进行类比联想的习惯，因为当我们在对眼前的事物进行联想的时候，我们不仅能够回忆起原有的记忆，同时也能牢记眼前的新事物。

2. 成对联想

我们的大脑中一旦出现某一种思想、某一个形象或者某种记忆，它就会自然而然地出现另外一种与之有密切联系的思想、形象或者记忆。我们的大脑之所以会出现这样的现象，一方面是因为我们已经习惯了这两个事物总是一起出现，另一方面也可能是因为在逻辑上一个衍生出了另外一个，这种现象被称为逻辑对。

其实这种成对出现的事物在我们的生活中很常见，比如，说到螺丝，你就会想到螺帽；说到足球，你就会想到足球场；说到黑板，你就会想到粉笔。所以，在生活中，试着将这些事物成对地记住，这样就能减少必须记忆的事物数量。

通常，逻辑对有以下几种：

部分和整体的关系：眼睛——脸；

结果和原因的关系：患感冒——遇风寒；

相反和相对的关系：冷——热，生——熟。

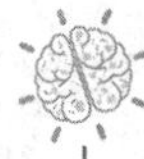

脑力训练：找袜子

有两位盲人，他们都各自买了两对黑袜和两对白袜，八对袜子的布质、大小完全相同，而每对袜子都由一张商标纸连着。两位盲人不小心将八对袜子混在一起，他们能取回黑袜和白袜各两对吗？

答案

可以。

袜子不分左右，所以将袜子拆开，每双袜子各拿一只，这样他们就能取回两对黑袜和两对白袜。

科学严谨的抽象思维法

人的思维过程是一个清晰逻辑的思考过程，同时也是由浅入深、由少到多的认识过程。在这种思考认识过程中，我们需要借助思维的力量来把握事物的整体和全貌，及其发展的过程。

而抽象思维是人们大脑思维的高级形式，又被称为抽象逻辑思维或逻辑思维。抽象思维法就是利用概念，借助语言符号进行思维的方法。其主要特点是通过分析、综合、抽象、概括等基本方法协调运用，从而揭示事物的本质和规律性联系。从具体到抽象，从感性到理性认识必须运用抽象思维方法。

抽象逻辑思维的基本单位是概念，人们通过概念进行判断和推理。概念、判断、推理是抽象思维的基本形式。抽象逻辑思维是人类特有的思维形式，而抽象思维法也是人类思维最基本的方法。当人们在面对困难或者问题的时候，通常会不自觉地选择使用抽象思维判断和解决问题。

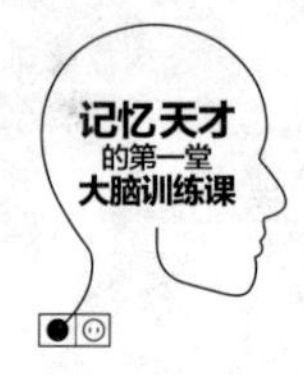

抽象思维与形象思维是截然不同的两种思维方式，它不是以人们感觉到或者想象到的事物为起点，而是以概念为起点来进行思考的，之后再将得到的抽象概念上升到具体概念。

通常而言，抽象思维可以分为经验思维和理论思维两种。人们凭借日常生活经验或日常概念进行的思维叫作经验思维。一般情况下，儿童对经验思维的运用较为频繁，但是由于他们生活经验不足，经常会得出错误的结论或者总结的过于片面，比如，“四条腿的动物是狗”、“植物的果实都是可以食用的”等就是由于生活经验不足导致的错误。而理论思维则是根据科学概念和理论进行的思维，这种思维方式不仅有理论支撑，而且它还能迅速地抓住事物的关键特征和本质。

抽象思维是我们大脑左半球的主要功能。现在很多学校的课程学习活动中，都会进行大量的读、写、算，即阅读、写作、计算、分析、逻辑推理和言语沟通等，其过程主要是以语言、逻辑、数字和符号为媒介，以抽象思维为主导。这些活动都是有助于我们左脑功能的发展的。而且，也有数据显示，目前我们运用抽象思维是形象思维的几十倍，在日常生活、工作学习中占有绝对优势。

那么应该怎样培养抽象思维的能力呢？

我们在日常生活、工作和学习中只要能注意以下几个方面，那么我们的抽象思维就能得到很好地锻炼和提升。

首先，我们要学会掌握和运用科学概念、理论和概念体系；其次，要掌握好和用好我们的语言系统；再次，要与我们思维的基本方法密切配合和运用；最后，在运用抽象思维的时候试着与抽象记忆法、理解记忆法等其他的方法结合起来，一起训练，这样能起到相互促进的效果。

其实，在我们的工作、生活和学习中，我们可以将抽象思维法和形象思维法结合起来，协调发展和联合运用，此时所产生的效果是最好的。

这是因为首先，随着年龄的增长，参加的社会实践和接受的教育越来越广泛深入，人的思维从儿童时期以动作思维为主逐渐转变成以具体形象思维占优势，升入中学以后，就会逐渐变成抽象思维占据主导。不过，此时中学生的思维大多还停留在经验思维上。林崇德教授在经过一系列的研究和实践后表示，小学四年级是人们思维发展的转变期，此时他们的思维模式开始逐渐从具体形象思维向抽象逻辑思维过渡；初二则是人们在中学阶段思维发展的质变期，此时他们的思维模式开始逐渐从经验型向理论型思维过渡，此时他们的观察力、记忆力和想象力也会随着记忆的转型开始迅速发展；等到他们进入高二的时候，智力发育已经基本趋于定型，并且初步达到成熟和稳定的状态，此时是人们思维活动的初步成熟期。

而我们的形象思维同样也是一个由初级具体形象思维向高级形象思维发展转化的问题，而且，我们的高级形象思维一点也不比抽象思维逊色。

其实，不论是我们的抽象思维能力还是形象思维能力，能否达到高水平的转化和成熟，在很大一部分情况下是取决于教育训练的。如果一个人没有接受过良好的教育训练，尽管他们也拥有抽象思维，可

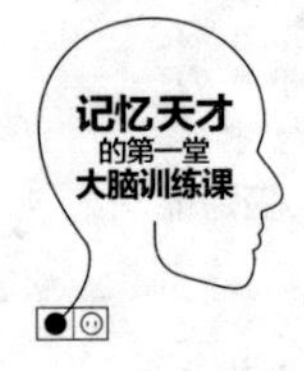

是这种思维大多是停留在经验型思维的阶段。此外，当我们的抽象思维模式向高级转化的时候，形象思维也一定要向高级转化。如果两者无法做到同步转化的话，那么我们的智力发展就极有可能产生欠缺和不足。所以说，将这两种思维方法结合在一起进行训练和应用，能产生意想不到的效果。

其次，我们的大脑两半球功能具有不对称性，我们都已经知道，右脑主要是负责形象记忆和形象思维的，而左半球的主要功能是抽象记忆和抽象思维。如果我们忽略了两种思维的协调发展，对大脑的两个半球的功能发挥是十分不利的。科学家在进行研究后推测，如果人脑两个半球的功能能够协调发挥，那么其产生的效果会是平常效果的五到十倍。因此，协调发展两种思维，综合运用两种思维方法，其所产生的效果一定会出乎你的意料。

英国心理学家汤尼·布仁认为，每个人都拥有在科学和艺术两方面的潜能，如果这两个方面的发展是不平衡的，这并不能表明我们是天生无能，只是因为我们脑中的一个半球并没有像另一个半球那样的得到充分运用的机会。那么，人脑的两个半球为什么会出现这种情况呢？这是因为我们没有对其进行正确的训练和充分运用。

最后，有些心理学家认为，当人们面临要解决的问题时，头脑中可能存在着两种超前系统。一种是形象系统，一种是概念系统。这两种系统是协同活动、密切配合的。对于不同的问题，两种系统的作用也有很大不同。一般来说，如果问题的原始材料是已知的，其方向是明确的，那么解决问题的时候倾向于抽象逻辑思维。如果面临的问题具有极大的不确定性，那么解决问题的时候就主要倾向于形象思维。

下面介绍几个在日常就能锻炼大脑两半球的协调性的方法：

（1）在进行学习和记忆活动的时候，一定要注意将形象记忆法和抽象记忆法、理解记忆法综合在一起使用。

（2）在思考问题的时候，尝试综合运用形象思维法和抽象思维法。在思考的过程中注意将形象和概念配合运用。

（3）在阅读的时候，试着将形象阅读法与理解阅读结合在一起使用，并且要重视语言分析思维和艺术合成思维。

（4）沉思有利于大脑两个半球的平衡发展。近年来有越来越多的研究结果显示，沉思能抑制人脑活动，并增加两半球之间的联系。有实验结果表明，被测试者在进入沉思状态之后，他们大脑两半球的脑电图波形同步地增大，这就表明，被测试者的大脑两半球在同时发挥作用。

（5）加强较弱的大脑半球与较强的一侧的配合。在生活中很多人都只重视运用大脑半球的一半，而忽视了另外一半。比如，有些人的左脑机能较为发达，而右脑机能相对较弱，那么你可以通过绘画或者听音乐的方式来刺激右脑技能。美国加利福尼亚大学的罗伯特·奥斯汀教授在研究中发现，在我们的学习和活动中，如果能对较弱的一侧脑半球进行经常性的刺激，鼓励它与较强的一侧脑进行配合，那么人们的思考能力和效率就会出现惊人的增长。

总之，人脑的两个半球都蕴藏着巨大的潜能，如果能对大脑两个半球进行充分的运用和培养，试着能协调发展运行的话，人脑的总能力和总效应将会得到极大的增强。那么我们运用抽象思维法解决问题的能力也能得到极大的提升。

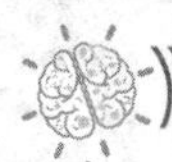

脑力训练：古树多少岁

有一棵古柏树，在它的树枝上挂着一个牌子，牌子上写着这样一段话："要想知道我今年多少岁，100 比我小，1000 比我大，从左往右每位数字增加 2，而且这几个数字相加之和是 21。"那么，你能知道它几岁吗？

答案

579 岁。

古柏树说自己的年龄比 100 大，比 1000 小，那么可以判断它的年龄一定是一个三位数。又知个、十、百三位的数字之和是 21，而且个位上的数字比十位上的数字多 2，而十位上的数字要比百位上的数字多 2，则个位上的数字就比百位上的数字多 4，因此百位上的数字是〔21－（2+4）〕÷3=5。由此可以得出百位数上的数字为 5，那么十位上的数字就是 5+2=7，个位上的数字就是 7+2=9。由此可以得出，古柏树的年龄为 579 岁。

流畅多变的发散思维法

单调乏味的工作和学习会让我们的大脑变得死气沉沉，毫无创造力可言。所以，如果你希望自己在工作和学习中能保持大脑的兴奋，那么就要保持思维的活跃程度，而发散思维能够使我们的大脑处于相对灵敏的状态，而且还能激发我们大脑的潜能。

几乎从我们开始有记忆的时候开始，我们就不断地被社会、家庭和学校灌输这样的思想：不论什么问题，都有且只有一个标准答案，不要标新立异，这是规矩。于是，我们都听从了这样的告诫，对待所有问题都去寻找那个所谓的标准答案。当然，如果是我们平时为人处世的行为准则，那么这种说法无疑是正确的，因为正所谓“无规矩不成方圆”。但是，如果我们心里总想着规矩，担心会违反规矩，不敢打开思路，让自己的思维被规矩所禁锢，凡事都只是追寻一个答案，那么这种做法无疑会扼杀我们的创造力。

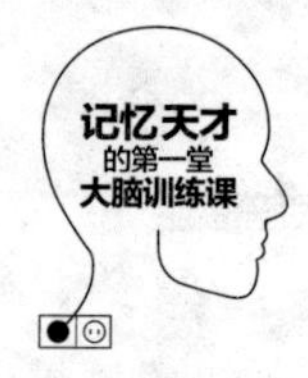

曾经有一项针对学生的测试，学生们被要求在限定的时间内尽可能地发散思维，说出红色砖头的用处。于是，测试者得出了这样的答案："盖房子、建教室、铺路……"尽管学生们说出了很多关于砖头的用处，但是他们的思维却一直都被局限在"建筑材料"这一类，从来没有离开过。

其实，如果我们的思维能够转换一个方向的话，那么我们就能发现红砖并不仅仅局限于建筑材料方面，它还有其他的一些用处，比如：钉钉子、垫桌脚、画线、锻炼身体、作标志等。像这种从不同的角度来观察同一个问题的做法体现出来的就是发散思维。

1950 年，发散思维的概念被首次提出，提出这个概念的是美国心理学家吉尔福特。半个多世纪以来，这一现象引起了人们的普遍重视。

发散思维又称求异思维、扩散思维、辐射思维等，它是一种从不同方向、不同途径和不同角度去设想的展开型的思考方法，是同一材料来源、从一个思维出发点探求多种不同答案的思维过程，它能使我们产生大量的富有创造性的想法，并且能摆脱习惯性思维的束缚，最大限度地释放我们的脑能，使思维趋于灵活多样。

如果，现在让你迅速说出曲别针有多少种用处，你能想出几种？

10 种？

100 种？

还是 1000 种？

你可以让自己的思维尽量地发散出去，然后看看自己能想到的极限究竟是多少种。如果你想继续这个游戏的话，可能你到人生的最后一刻都还能找出它特别的用途来。

通常而言，具有发散思维的人在观察一个事物的时候，往往会抓住各种各样细枝末节的线索，然后将自己的思路扩展开来。他们不会让自己的思维局限在事物本身，因此常常能发现被人发现不了的事物和规律。如果在生活、学习或工作中能重视发散思维的运用，那么你就一定能取得意想不到的收获。

那么，应该怎样提高自己的发散思维能力呢？不妨试试以下几个方法：

首先，要有充分的想象。

之前我们也提到过，人的想象力和思维能力是紧密相连的。所以，当我们在进行思考活动的时候，一定要学会运用想象力，让自己能尽快跳脱出原有的思维限制。只有我们的思维不被框住，思维才能更好地发散，才能收获意想不到的创意和想法。

其次，在进行思维发散的时候不要紧张。

当你在进行发散思维训练的时候，除了需要营造一个良好的思维环境之外，保持良好的心情也是很有必要的，所以，这就要求我们在遇到问题的时候千万不要紧张。因为当我们紧张的时候肾上腺素的分泌就会增多，而肾上腺素会影响大脑神经元的活跃程度。科学家们指出，当人们感到快乐的时候，大脑神经元就会变得活跃，人们越是感到快乐，神经元的活跃程度就越高，人们的思维也相应会变得灵活。相反，如果一个人处在紧张或者压力的环境中，大脑神经元的活跃程度就会

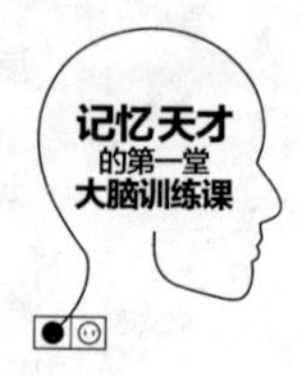

降低，此时人们的思维灵活程度也会降低。

所以，紧张只会让我们方寸大乱，思维受到影响，这对我们发散思维，解决问题没有丝毫的帮助。

最后，当你在面对事物或事件的时候，要学会从不同的角度去考虑。

当你面对事物或事件的时候，不要从单一的角度进行思考，而是应该学会从不同的角度、方向和层次去思考。这不仅能将自己所掌握的知识或经验进行重新组合和加工，同时也能最大限度地激发我们的大脑活力，这样我们能找到更多解决问题的办法。

其实，发散的角度越多，我们掌握的知识也就越全面，思维也就会越灵活。不论是在工作学习还是生活中，如果你对某件事物或事件有了新意，或者有较为深度的看法，那么你就应该大胆的提出来，并且与周围的人一起探讨一下它的意义或可行性，从而激发自身的发散性思维。

当你的想法出现错误时，也无须感到羞愧，这只是表明我们的想法还不够成熟和完善。如果你能坚持不懈地使用发散思维去思考问题，那么总有一天你会发现你的思维变得越来越灵活，大脑的反应速度也变得越来越快。

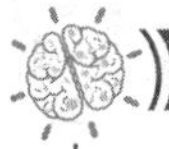

脑力训练：小张的未婚妻

小张认识A、B、C、D、E五位女士。

（1）五位女士分别为两个年龄段：三位女士小于30岁，两位女士大于30岁；

（2）两位女士是教师，其他三位女士是秘书；

（3）A 女士和 C 女士属于同一个年龄段的人；

（4）D 女士和 E 女士属于不同的年龄段；

（5）B 女士和 E 女士的职业相同；

（6）C 女士和 D 女士的职业不同；

（7）小张将要和其中一位年龄大于 30 的教师结婚

那么，聪明的你能推断出小张将要和哪位女士结婚吗？

答案

小张将要和 D 女士结婚。

由（1）、（3）、（4），我们能够推断出，D 女士和 E 女士当中必定有一位是与 A 女士和 C 女士属于同一个年龄段的，因此可以判断出 A 女士和 C 女士都小于 30 岁。所以，按照（7）的说法，小张是一定不会同 A 女士或 C 女士结婚的。

而根据（2）、（5）、（6），可以推断出，C 女士和 D 女士当中有一人一定和 E 女士从事同样的职业，因此可以判断出 B 女士和 E 女士是秘书。所以，按照（7）的说法，小张是一定不会同 B 女士或 E 女士结婚的。

排除以上四位，那么我们就能得出将要和小张结婚的是 D 女士，而她一定是一位年过三十的教师。

根据以上的推理，我们还能得出其他四位女士的大体情况。E 女士必定是小于 30 岁的，B 女士一定是大于 30 岁的，C 女士一定是一位秘书，A 女士一定是一位教师。

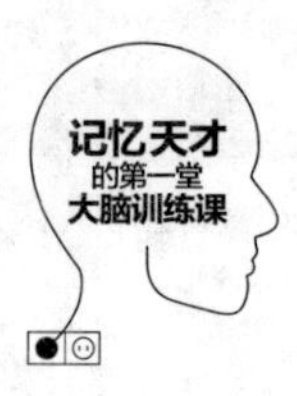

有悖常规的逆向思维法

逆向现象是我们生活中常见的一种现象，它充斥在我们的工作生活和学习中，比如我们从湖中看到的倒影，是湖边地面景物真实影像的颠倒；在数学中，“+”和“-”是互为逆向的两种运算方法；在化学中，由反应物变成生成物的反应和由生成物变成反应物的反应也是互为逆向的；物理学上，物体受热会膨胀，而遇冷则会收缩，也是互为逆向的现象；甚至就连我们每天睡觉、起床，穿衣、脱衣这种行为也是互为逆向的。

既然如此，那么我们的思维也是可以逆向的。在生活中，有很多我们绞尽脑汁也无法解答的问题，那么此时使用逆向思维进行思考的话，或许答案就会很快浮现在你的脑中。

逆向思维是一种比较特殊的思维方式，它的思维取向与正常的思维取向是相反的，这是为了能实现某一创新或者解决某一因常规思路而难以解决的问题。逆向思维法是可以通过后天的锻炼得到提升的。要想发掘自身的能力，开发大脑潜能，我们就必须要了解一下这种方法。

逆向思维并不是主张人们在思考的时候脱离常规，不受限制地胡思乱想，而是要人们能够形成一种小概率思维模式。逆向思维是我们发现问题、分析问题、解决问题的重要手段，它能帮助我们克服思维定式的局限性，是决策思维的重要方式。而且，逆向思维这种重要的思考能力，对于全面人才的创造能力及解决问题的能力也具有重大的意义。

一直以来，人们的思维存在着正向与反向的差异，由此也产生了正向思维和逆向思维两种形式。

所谓的正向思维和逆向思维都是相对而言的。通常而言，正向思维就是指沿着人们的习惯性思考路线去思考，而逆向思维则是指悖逆人们习惯性的思考路线，另辟蹊径。其实，生活中并没有绝对的逆向思维模式，因为当一种公认的逆向思维模式开始被大多数人掌握并且使用的时候，它也就变成了正向思维模式。

正反向的思维模式是起源于事物的方向性的。在现实的客观世界中存在着互为逆向的事物，由于事物具有正反向，所以我们的思维才产生或正或反的方向。当我们在遇到问题的时候，如果是按照常规的思维路径去思考，就是正向思维模式，有时我们能够通过它找到解决问题的办法，收到令人满意的效果。但是，现实生活中，也有很多问题很难通过正向思维模式寻找出答案，此时，如果我们转换成逆向思维模式，常常就会有意想不到的收获。所以，逆向思维模式是我们挣脱常规思维束缚的一种具有创造性的思维方式。

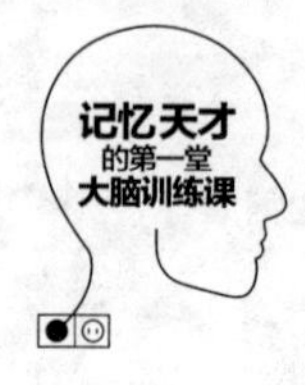

1820年4月的一天，丹麦物理学家奥斯特正在给人们讲“伽伐尼电”，他在给人们演示完电学实验后，不小心触动了电源开关，他忽然发现一枚放在细长铂丝导线附近的、在玻璃罩内的小磁针发生了轻微的晃动，然后停在了与导线垂直的方向上。正是这个无意的举动让他发现了电流的磁效应。这一发现传到欧洲大陆后，吸引了许多人参与电磁学的研究。

英国物理学家法拉第也怀着极大的兴趣重复了奥斯特的实验之后，他深深地被这种奇异现象所吸引。当时的法拉第深受辩证思想的影响，于是他认为电和磁之间必然存在某种联系并且能相互转化。既然电能产生磁场，那么磁场也一定能产生电。

法拉第为了证实自己的这一想法，从1821年开始进行磁产生电的实验。可是他的实验全部都失败了，但法拉第一直没有放弃，他坚信自己通过逆向思考法得出来的这一结论是正确的，并继续坚持实验。

终于，在十年后的一天，达拉第通过实验证实了自己当时的猜想。那天，法拉第设计了一种新的实验，他把一块条形磁铁插入一只缠着导线的空心圆筒里，结果连接导线两端的电流计上的指针发生了微弱的转动，这就表明有电流经过。达拉第兴奋不已，随后，他又设计了各种各样的实验，如两个线圈相对运动，磁作用力的变化同样也能产生电流。

法拉第十年不懈的努力并没有白费，1831年他提出了著名的电磁感应定律，并根据这一定律发明了世界上第一台发电装置。

由此也可以看出，逆向思维模式是一种极具创造性的思维方式，能让我们冲破传统思维模式的约束，极大地开发我们的脑力。

那么我们应该怎样来锻炼逆向思维的能力呢？

1. 经常从已知事物的对立面进行思考

对人们普遍接受的信念或者做法进行质疑，然后观察它们的对立面是什么，所谓对立面，可以从事物的功能、结构、因果关系等三个方面作逆向思维。如果对立面是有道理的，那么就朝着对立面的方向发展。当我们在考虑做某种相反的事情或者考虑用其对立面来取某物的时候，我们都可以通过这样的方法来进行思考。

2. 试着在大脑里构建双面思维

试着在我们的大脑里构想或引入事物的正反两个方面，尽量做到让它们同时存在于脑海中，并试着去考虑两者之间的关系，相似之处、正与反、相互作用等，然后根据你得出来的结论创造出新的事物。不过这种双面思维操作起来具有相当的难度，因为你必须要保持两个对立面同时并存于你的脑海中，而通常我们的大脑都是单向思考的，所以这是一项大脑的特殊技能。

3. 尝试一下缺点逆用

当我们在面对一件事物的弊端的时候，可以试着将不利转变成可以利用的东西，化被动为主动，化不利为有利的思维发明方法。这种方法并非是以克服事物的缺点为目的的，相反，是为了将弊端转化成对我们有利的东西，进而找到解决的方法。

金属极易被腐蚀，对我们来说这是金属的弊端，但是懂得利用逆向思维的人却会利用金属的这一特性来生产金属粉末，或对其他物品进行电镀等，这种做法将金属对我们的不利转变成有利，这其中的功劳非逆向思维法莫属。

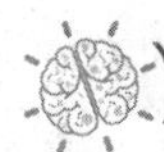

脑力训练：猴子采桃

有一只猴子，采回来一堆桃子。第一天吃了一半多一个；第二天吃了剩下的一半多一个；第三天又吃了剩下的一半多一个；接下来的每一天都吃了剩下的一半多一个，到第 10 天的时候剩下一个桃子（第 10 天没有吃桃子）。问这只猴子采回来多少个桃子？

答案

1534 个。

第十天有桃子的个数：1

第九天有桃子的个数：(1+1)×2=4

第八天有桃子的个数：(4+1)×2=10

第七天有桃子的个数：(10+1)×2=22

第六天有桃子的个数：(22+1)×2=46

第五天有桃子的个数：(46+1)×2=94

第四天有桃子的个数：(94+1)×2=190

第三天有桃子的个数：(190+1)×2=382

第二天有桃子的个数：(382+1)×2=766

第一天有桃子的个数：(766+1)×2=1534

即猴子采回来1534个桃子。

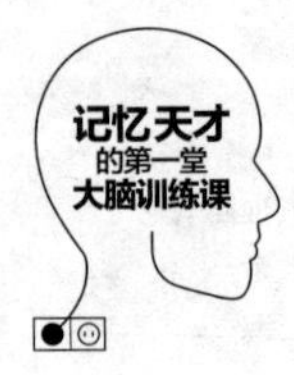

科学全面的系统思维法

系统思维法是一种现代科学的思维方法，它极为重视整体思考，同时也注意在整体的前提下具体研究解决局部的问题。系统思维法要求人们在面对事情的时候要全面思考，而不是就事论事。这要求我们需要具有整体观和全局观，需要我们把想要达到的结果、实现这个结果的过程、过程优化以及对未来的影响等一系列问题作为一个整体系统进行思考，所以这是对我们大脑思维的灵活程度的严峻考验。

那么系统思维研究的方法主要有哪些呢？

1. 整体法

这是我们在分析和处理问题的过程中，始终从整体来考虑，整体是居于首位的，任何部分的东西都不能凌驾于整体之上。整体法要求人们要将思考问题的方向对准全局和整体、从全局和整体出发，但是这并不意味着我们就忽略了局部的作用，这是要求我们在整体观的指导下使局部问题得到解决，以实现整体功能最大限度地发挥。

2. 结构法

当我们在进行系统思维的时候，一定要注意系统内部的结构性。由于系统是由各部分构成的，所以部分与部分之间的组合是否合理，对系统有着极为重大的影响。这就是系统中的结构问题。好的结构，其组成系统的各部分之间的组织是合理，并且是有机联系在一起的。而且从结构方面着手研究问题，反而能让自己的思维变得更加清晰、有条不紊，而且在思考的过程中，我们也能尽量避免错误。

3. 要素法

每一个系统都是由很多不同的因素构成的，其中相对于其他构成因素而言，对系统整体具有重要意义的因素被称为构成要素。要使整个系统能够正常运转，发挥其最好的作用或处于最佳状态，就必须对各要素考察周全和充分。让各个要素发挥其自身应有的作用。

4. 功能法

是指为了能使系统呈现出最优秀的状态，从大局出发，来调整或改变系统内部的各部分的功能和作用。在这个过程中，可能是使所有部分都向更好的方面改变，从而使系统状态更佳，也可能为了求得系统的全局利益，以降低系统某部分的功能为代价。

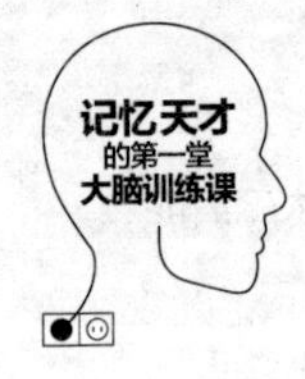

通常而言，系统思维具有以下几个特性：

第一，整体性。系统思维方式的整体性是由我们面对的事物的整体性所决定的，整体性是系统思维方式的基本特征，它存在于系统思维运动的始终，也体现在系统思维的成果之中。

要想坚持系统思维方式的整体性，就必须要把我们思考的对象当成系统来看待，始终把研究对象放在系统之中加以考察和把握。这里包括两个方面的含义：一是在思维中必须明确任何一个研究对象都是由若干要素构成的系统；二是在思维过程中必须把每一个具体的系统放在更大的系统之内来考察。如解决城市交通问题，就要把城市交通问题作为一个由若干要素构成的系统来考察，不仅要考察系统内部车辆、客流量、道路等参数（要素），还要考察车辆的运行情况。同时，还要把交通问题这个系统纳入城市市政建设的大系统中去考察。只有从市政建设的整体角度去考察解决城市交通这个子系统问题，才是解决问题的根本的有效的方法。

第二，结构性。系统思维方式中的结构性，就是指我们要把科学的理论结构作为思维方式的指导，强调从系统的结构去认识系统的整体功能，并从中寻找系统的最优结构，进而获得最佳系统功能。系统结构是与系统功能紧密相连的，结构是系统功能的内部表征，功能是系统结构的外部表现。

系统的要素和结构对功能起着非常重要的作用。具体说来，要素是功能的基础，而结构则是实现从要素到功能的必经的中间环节，如果要素相同，那么，结构将成为影响功能的决定性因素。除此之外，要素和结构关系所表现出的容差效应表明，有些系统要素存在的数量不齐全和质量有缺陷的问题，可以在不影响系统功能的情况下，通过优化系统结构来进行弥补。

第三，立体性。系统思维方式是一种开放型的立体思维，在我们思维的具体过程中，我们不仅要进行纵向的比较，同时也要注意进行横向的比较，只有这样我们才能全面准确地把握思维对象的规定性。

系统思维法是一种开放式的思维，而且在一切方面，在整体上都是开放的。因为不论主体的横向还是纵向方面都是开放的，是全方位的、彻底的开放的。我们要试着敞开思维的大门，加强与来自不同方面的思维信息的交流，要善于吸取有价值的思维成果。

第四，动态性。系统的动态原则可以作为事物运动规律来理解，它对于思维方法的作用是不可低估的。系统思维方式的动态性正是系统动态性的反映。思维从静态性进入动态性，要求人们正确认识和对待系统的稳定结构，使系统演化不断地从无序走向有序。系统的有序和无序是衡量系统结构是否稳定的标志。一般说来，如果系统是有序的，系统结构就是稳定的；相反，系统结构则是不稳定的。系统的有序和无序，稳定结构和非稳定结构，这是系统存在和演化的两种基本状态，它们本身没有抽象意义的价值规定。

系统的稳定是相对的。任何系统都有自己的生成、发展和灭亡的过程。因此，系统内部诸要素之间的联系及系统与外部环境之间的联系都不是静态的，都与时间密切相关，并会随时间不断地变化。这种变化主要表现在两个方面：一是系统内部诸要素的结构及其分布位置

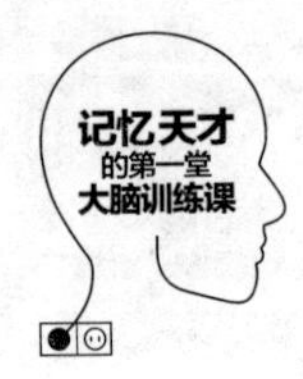

不是固定不变的，而是随时间不断变化的；二是系统都具有开放的性质，总是与周围环境进行物质、能量、信息交换活动。因此，系统处于稳定状态，并不是讲系统没有什么变化，而始终处于动态之中，处在不断演化之中。

由于系统演化的可能方向是分叉的树枝型，而不是直线型，这就要求人们把系统演化的可能方向理解为具有多种方向可选择的状态，把事物的发展放在多种可能、多种方向、多种方法和多种途径的选择上，而不要把希望寄托于某一种可能、方向、方法和途径上。因此，在人们的头脑中必须破除线性单值机械决定论的影响，树立非线性的统计决定论的思维方法。

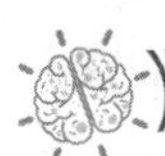

脑力训练：分遗产

一位老人临终时留下了一份遗嘱，他在遗嘱中这样写道："我要把我的全部财产按照比例分给我的三个儿子。大儿子将会得到我全部财产的1/2，二儿子将会得到我财产的1/3，三儿子将会得到我全部财产的1/9。"可是，当这三个儿子按照遗嘱来分遗产的时候才发现，老人的全部财产有17匹马，这无论如何也没有办法按照遗嘱来分。三个儿子谁也不想少分一点，可是杀掉其中的一匹马又有悖孝道，三兄弟对此一筹莫展，于是他们决定去请教住在隔壁的老人。老人看过遗嘱后，不但十分顺利地解决了问题，还使三个儿子每人分得的要比原来还多一点儿。那么，这位老人是如何按照遗嘱分了这17匹马的呢？

老人牵来一匹自己的马就可以了。

老人将自己的一匹马牵来，加入到这17匹马中，这群马匹的数量就变成了18匹。这样一来就可以按照遗嘱进行财产划分了。大儿子分得全部财产的1/2，能分得9匹马；二儿子分得全部遗产的1/3，能分得6匹马；三儿子分得全部遗产的1/9，能分得2匹马。三个儿子将遗产分完后还剩下一匹马，老人再将这批马牵回去就行了。

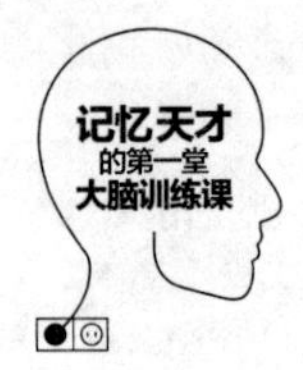

思维导图绘出人类大脑的秘密地图

思维导图是有英国著名心理学家东尼·伯赞提出来的。思维导图又被称为心智图，是一种把人们大脑中的想法用彩色的笔画在纸上的，表达发射性思维的有效地图形思维工具。它看似十分简单，但却极为有效。

思维导图充分运用了人类左右脑的技能，将人们的形象思维和抽象思维很好地结合起来，让人们的左右脑同时运转起来，利用记忆、阅读以及思维的规律，协助人们在科学与艺术、逻辑与想象之间平衡发展，从而开启了人脑的无限潜能。

简单地说，思维导图要做的工作就是更加有效地将信息更加有效地“储存”进你的大脑，或者是更为便捷地将信息从大脑中“取出来”。可以说，思维导图是一种创造性的和有效的记笔记的方法，因为它能用文字将你的想法“画出来”。

思维导图有如下几个特点：①思维导图在绘制的时候都是使用颜色的；②都有从中心发散出来的自然结构；③都使用线条、符号、词汇和图像；④都遵循简单、基本、自然、易被大脑接受的规则。

思维导图能够将一长串枯燥的信息变成彩色的、易记的、有高度组织性的图，而且，它与我们大脑处理事物的自然方式相吻合。

思维导图与城市地图其实是有相同之处的。我们的思想中心就像城市的中心，它代表着你最重要的思想，从这个主要思想发散出来的主要分支代表着你的思维过程中的重要想法，次级分支则代表你次一级的想法，以此类推。而特殊的图像或形状则代表你的兴趣点或者特别有趣的想法。

那么，思维导图应该怎样绘制呢？首先我们应该准备绘制思维导图的材料，它们包括：①一张白纸；②彩色水笔和铅笔数支；③你的大脑；④你的想象。

好，准备材料备齐了，那么我们就可以开始绘制思维导图了。

（1）从白纸的中心开始绘制，在这里写下你最重要的想法。

从白纸的中心开始绘制，能让我们的思维向不同的方向发散，并且能更加自由和自然地表达自己。这里要说明一点的是，在我们绘制思维导图的时候，纸张一定要横过来放，因为这样不仅纸的宽度较大一些，方便我们绘制，而且横长竖短的摆放方式符合人类的视野规律，我们常见的比如电影荧幕、电脑的屏幕等。

（2）试着用图像或者图画来表达你的中心思想。

这是因为，图像或图画包含的信息量是十分巨大的，通常一幅画

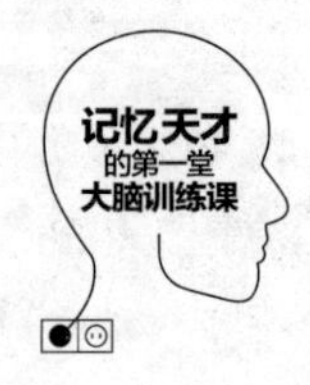

抵得上 1000 个词汇。而且，图画能帮助我们运用想象力，同时还能强化记忆力。往往图画越是有趣，你的精力就会越集中，大脑就越是兴奋。

（3）在绘制的过程中使用颜色。

颜色和图像一样能让你的大脑兴奋起来。而且颜色能够带给我们的思维导图跳跃感和生命力，并且为我们的创造性思维增添巨大的能量。而且，你不觉得，这样一来绘制思维导图会变得更有意思吗？

（4）将重心图像和主要分支连接起来，然后再把主要分支和二级分支连接起来，以此类推。

我们的大脑是通过联想来进行思维的，如果我们把分支连接起来，那么我们就会更容易理解和记住许多东西。在将次级分支与上级分支相连接的同时，也为我们的思维创建了一个基本的结构。

这就像是自然界中的大树一样。大树的树枝从主干生出，并且向四面八方发散，因为彼此之间有连接，所以树木才能茁壮成长，最终长成参天大树。可是一旦大树的主干和主要分支或者主要分支和更小的分支之间出现了断裂的话，它就会出现问题。所以，如果我们的思维导图没有连线的话，那么一切都会崩溃。

（5）让思维导图的分支自然弯曲，而不是看起来像一条直线。

我们的大脑会对直线感到厌烦，而曲线和分支更能吸引我们的注意力，刺激大脑记忆。

（6）单个的词汇会使思维导图更具力量和灵活性，所以在每条曲线上使用一个关键词。

所谓关键词，就是表达核心意思的词，它可以是名词，也可以是动词，不论怎样，关键词应该是具体的、有意义的，这样才有助于我们记忆。

每个词汇和图形都像是一个母体，能够繁殖出与它自己相关的、互相联系的一系列“子代”。当你使用单个的关键词的时候，每一个词都变得更加自由，这也有助于人们产生新的想法。而短语和句子非但不能使我们产生新的想法，相反会扼杀我们大脑中出现的这种火花。

（7）自始至终使用图形。每一个图形就像是中心图形一样，相当于 1000 个词汇，所以，即便你的思维导图只有 10 个图形，那么就相当于你记录了万字的笔记。这不仅有助我们的发散思维，而且还能帮助我们更好地记忆和节约时间。

在绘制思维导图的时候，还有以下几个技巧可供参考：

先在纸张的中心画出你心中的中心图像，然后再用水彩笔标出一些向四周放射的粗线条，要尽量使用不同的颜色进行区分。每一条线都代表你的主体思想。

在主要线条的每一个分支上都用大号字清楚地表上关键词，这样一来，每当你想到这个概念，那么这些关键词就会立刻出现在你的大脑里。

用联想扩展你的思维导图，并且根据你联想到的事物从每一个关键词上发散出更多的连线。连线的数量由你的想象力决定，它可以有无数个。

这样一来，一张属于你的思维导图就绘制好了。思维导图是我们极为有效的记忆路线图。这种把事实和思想组织到一起的方式与大脑自然分工的方式相符。所以，绘制思维导图更便于我们记忆和回想。

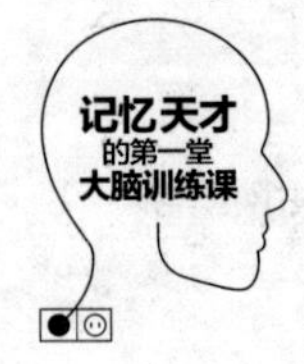

这种方法比传统的记笔记方法更方便，也更值得信赖。

而且，从思维导图的特点及作用来看，它可以应用于我们的工作、学习和生活中的任一领域。对个人而言，思维导图可以帮助你进行计划、项目管理、沟通、阻止、分析解决问题等；对学生而言，思维导图可以用于记忆、笔记、写报告、写论文、做演讲、考试、思考，甚至还能帮助你集中注意力；对员工而言，思维导图可以用于会议、培训、谈判、面试等。

脑力训练：医务人员

医院的医务人员包括我在内，一共有16名医生和护士。而下面要讲到的人员情况，无论是否把我计算在内，都不会有任何的变化。在这些医务人员中：

（1）护士多于医生；

（2）男医生多于男护士；

（3）男护士多于女护士；

（4）至少有一位女医生。

根据以上表述，你能断定出说这段话的人是什么性别和职务吗？

答案

说这段话的人是一位女护士。

由于医生和护士的总数是16名，由条件（1）和（4）可以断定：

护士至少有9名，男医生最多有6名。再根据（2）就能判断出，男护士必定不足6名。而根据（3），女护士的人数少于男护士，所以可以断定男护士一定多于4名。根据上述推断，男护士多于4人少于6人，故男护士的人数必定是5人，所以护士的人数就是9人，其中包括5名男护士和4名女护士。由此可以推断出男一生恰好是6人，这样，就只有一位女医生。即男医生6人、男护士5人、女护士4人、女医生1人。

如将一名男医生排除在外，那么就与（2）矛盾；如果把一名男护士排除在外，那么就与（3）矛盾；如果把一名女医生排除在外，那么就与（4）矛盾；如果把一名女护士排除在外，则不与任何一条相矛盾。

因此可以断定，说这话的是一位女护士。

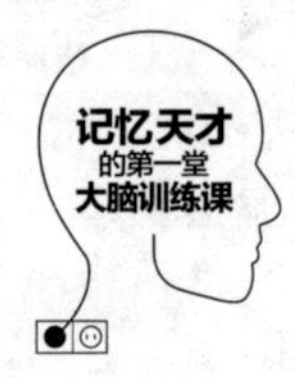

曼陀罗思考法重构你的思维方式

曼陀罗艺术原本起源于佛教，后来被人们加以系统化利用之后，成为人们绝佳的思考和计划工具。

最早推行曼陀罗思考法的是日本的今泉浩晃博士，曼陀罗思考法以九宫矩阵为基础，呈 8×8 辐射发散式，能够让人迅速产生无数的想法。利用曼陀罗思考法，能带你跳脱平时无法想出好构想的直线思考，促使你重新构建思维方式，激发大脑潜能，将思绪拓展开，从而轻易产生好灵感。

这个世界上有 99.9% 的人在记笔记的时候都是单纯地依靠文字、直线、数字、逻辑和次序。如果你问他们为什么会这么记笔记，他们通常会告诉你这是别人教给他们的，就如他人教给我们一样。

不可否认，在记笔记的时候这些确实是十分有用的工具，但是让人们感到遗憾的是，它并不是一套完整的工具。因为这种记笔记的方式只体现出了我们左脑的功能，却丝毫没有展现出右脑的功能，所以条列式的笔记无法使人产生独特的想法和创意。而且，我们记笔记的笔记本中的横线就像是监狱牢房的栅栏一样，它把我们大脑中无穷的创造力都关了进去，它将我们的思维困在一点，无法向四周发散，就像一条直线那样，这种循规蹈矩的思考方式被称为“直线式思考”。而曼陀罗思考法则能将我们的思维解救出来。

曼陀罗思考法一共分为九个区域，它们都是能诱发人们大脑潜能的“魔术方块”。曼陀罗思考法较于条列式笔记，能够得到更好的视觉效果，属于“视觉思考”。曼陀罗思考法能让你可以在九宫格的任何一个区域内写下任何事项，然后再从不同的角度对主题进行审视。人们的思考都是发生在感觉器官感觉事物之后，此时我们才能将曼陀罗图形予以系统化的整理并给予有方向感的利用，人脑的潜能便能在连续反应下持续被激发。

在进行曼陀罗思考法之前要先了解它的六个路径，这六个路径就是我们在英语中经常会提到的六个常用问句，即 what（对象）、why（原因）、where（地点）、who（人物或事件）、when（时间）、how（怎样）。日常生活中，在我们开始一件事情或者想到一个主题之前，如果都能先透过这六个路径思考清楚，那么我们就可以得到一个近乎完整的解决方案。六个路径同曼陀罗思考法相结合的时候，how 不会体现在曼陀罗的图中。这是因为 how 本身就是一种询问过程，它已经融合在其他五个路径中了，不管你在思考哪一个路径，其中必然要想到 how。

这五个路径摆放在曼陀罗思考法的九宫格中的时候，应该是呈十字排列的，即中心点摆放who，从右向左依次为where、who、when，从上到下依次为what、who、why，如表1所示：

表1　曼陀罗思考法的九宫格图

	What	
Where	Who	When
	Why	

这里的“who”“what”“why”“where”和“when”并不仅仅是“人物”“对象”“原因”“地点”和“时间”的简单对应。例如，我们能够从“人物”中延伸出主体、对象、朋友、自我、欲望、生命、性格以及态度等；从“对象”中延伸出行为、行动、动作、目的、目标、愿望、现象、人、事、物等；从“原因”延伸出理由、根据、原理、原则、理念、理想、潜在意识、为人处事；从“地点”延伸出环境、处所、社会、状况、立场、构造、结构、网络；从“时间”延伸出人生、经验、成长、时代、时期、变化、期间、周期、机会、顺序、时机。

只要我们能掌握这六个路径，再加上曼陀罗图的运用，就能极大的提升我们的脑力，让大脑发挥出无限的潜能。如果在日常生活中能多加练习，就可以发挥出无穷的创意。

曼陀罗图有两种不同的使用方式，一种是“四面八方扩展型”，另一种是“围绕型”。这两种不同的使用方式适用的范围也不一样。

首先，“四面八方扩展型”特别适合用在收集灵感，进行创意思考时使用。这是因为“扩展型”是一种不设限的模式，只要你在九宫格中间填上你想要发挥的主题之后，那你自然就想要将周围的八个空格填满。而这个填满空格的过程就是你创意发挥的过程。

如果你的创意不断，那么你可以把九宫格周围 8 个格子的内容当作主要想法，继续向外扩散。这样一来，我们就能由 8 个创意生出发 64 个创意，再将这么多的创意或想法加以精炼，我们就能得到自己想要的。

其次，“围绕型”是一种顺时针的思考顺序，适用于流程性质的思考与安排。如果你想设定一天的行程表，那么可以以每一格代表一小时，然后以中央方格为起点，依照顺时针的方向将自己预订的形成依次填入格内。如果你想要设定一周的行程表，那么你就应该先过滤掉这一周必须完成的事情、工作、甚至是约会，然后找出最重要的一件事作为曼陀罗思考法的中心，然后仍然是按照顺时针的方向，将未来一周的行程逐一填下。在记录时要注意语句的简洁。

八个空格对应七天，所以一定会有一个格子是空着的，那么我们可以把它当成备注栏，记录下需要注意的事项。

给自己设计行程表就像是企业制定战略计划一样，不论是将自己一天的行动计划还是一周的行动计划，只要我们将自己的行动计划记在曼陀罗备忘录中，就能够大致看出哪些事情是能够完成的，哪些事情又是无法完成的，这样一来我们就能大致掌握自己每天或每周的行动节奏。

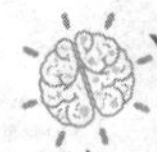

脑力训练：赴宴

小王应邀去参加一场宴会。在宴会上，主人致辞后，赴宴的人们便开始握手。小王统计了一下，这次宴会上所有的人都相互握了手，总共握了 45 次。

根据小王提供的情况，你能推断出有多少人参加了这次宴会吗？

答案

10 人。

这个问题可以通过列方程式来得到答案。

假设一共有 N 个人赴宴，那么每个人都要与除了自己之外的人握手。又因为甲乙相互握手的次数是两次，所以总的握手次数是 $N(N-1)/2$。这样一来就能得到一个一元二次方程：$N(N-1)/2=45$，解开这个不等式，我们能得出答案为 10。所以，参加宴会的人数为 10 人。

第二章　了解大脑习性，开启记忆回路

To understand the brain habits, open memory circuits

- 记忆是怎么一回事
- 海马体的活跃度是决定你记忆好坏的关键
- 掌握你的最佳记忆时间
- 杏仁核对你的记忆有重大影响
- 联想让你的记忆更加深刻
- 艾宾浩斯遗忘曲线揭示记忆的规律

- 大脑能记住感兴趣的东西
- 大脑的主动遗忘是为了更好地记忆
- 走出记忆力的认识误区

记忆是怎么一回事

张太太是一家玩具店的店员，从她排得满满当当的时间表中可以看出来，她是一个精力十分充沛的人。她不仅工作十分出色，而且爱好也很广泛——绘画是其中之一。有一天，张太太在结束了绘画课之后准备回家时，发生了一件让她倍感尴尬的事情。在走廊上她遇到了熟人，对方很热情地向她打招呼，但是她却怎么也想不起来自己在哪里见过这个人。

李先生最近的健忘症状表现得越发严重，他不记得自己上个月是否给汽车换过油，当他走进厨房之后却怎么也想不起来自己要干什么，他还忘记了在规定的时间内去交警队缴纳违章罚款。更让人头疼的是，患有高血压的李先生总是会忘记自己是否吃过降压药。

如果你也曾出现过像张太太或者李先生这样的问题，那么你应该去尝试采取有效的措施或训练来改善或提高自身的记忆力，可是在这之前，你需要了解记忆究竟是怎么一回事。

记忆力是人们记住事物的一种能力，是人们满足知性快感的一种典型行为。说得通俗一点，记忆就是我们大脑中储存东西的地方，它能为我们提供不同时期的历史信息，它会记录下我们每天的动态，然后储存起来，等到我们需要的时候，它会提供给我们必要的信息。它是大脑固有的功能，会伴随着人们生命的开始而开始，随着生命的终结而消亡。

很多时候，你会感觉记忆力就像是自己的小帮手一样，它能帮你找到车钥匙，能帮你找到回家的路，能让你第二天准时奔赴和女朋友约会的地点……当我们习惯了记忆带来的便利之后，就会想当然的认为它能带给我们的只有这些，但仔细想想你就会发现，记忆的作用远大于这些。

梦想、思想、行动、姓名、地点、面孔、香味、事实、感情、味道以及很多东西都是通过记忆带入到我们的意识的，记忆就如同一张由声音、香味、味道、触觉、视觉组成的网。它有着不同的形态，有时记忆是这种形态，有时记忆又是另一种形态。有时记忆是一种香味、花纹或者声音组成的万花筒。

记忆是我们拥有的最个性化的东西，它给予我们自我感觉。记忆的最深处就是你自己。然而，很多研究显示，个人的知识、经历以及一些事情对自身的意义在于驱动人们的记忆，正是在它们的帮助下，记忆才有一定的意义。记忆的运作在很大程度上遵循的原则是："它现在或是将来的某个时刻是否会与我个人有关？"这种"更高"层次的

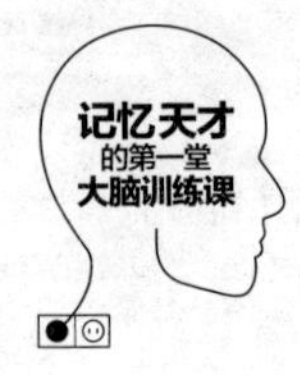

记忆，我们称为有意识感觉。

记忆是一种动态的并且经常存在的活动，而我们关于如何解答记忆之谜的理论和概念也只是处于开始形成的阶段。然而，这个不断发展的知识群体已经在对提高我们的记忆力产生帮助。

记忆在做某件我们熟悉的事情同时，也可能在做许多其他的事情，它可以在许多层面展开工作。记忆过程是在大脑中发生的，不同种类的信息被接收并储存在不同的位置。比如，正在运行的记忆过程也被称为短时记忆过程，可能发生在大脑的前部；储存新记忆的过程发生在大脑两侧的颞叶；大脑较大的外层部分叫作大脑皮层，人们的记忆就储存在这个地方；视觉信息通过我们的眼睛进入叫作枕叶的大脑后面的部分，并在此进行加工；听觉信息是通过耳朵进入大脑，在颞叶进行加工；立体三维图的信息在大脑顶部的顶叶进行加工；还有一些特殊的区域进行情感记忆加工，以及掌管语言和爱好习惯。

记忆的过程主要有三个阶段，即识记（摄入记忆）、保持（保持记忆）和再现（再次提取记忆）。

首先，识记。这是将信息写入我们大脑的一个过程，任何记忆过程都是从对事物的识记开始的。

在日常生活中，人们时刻都在进行着信息的交换，外界繁杂的信息通过各种途径反映到我们的大脑，于是，我们很容易养成对周围的事物匆匆瞥上一眼就继续埋头赶路的习惯。因此，我们很难记住那些没有引起自己注意的事物。而要想记住那些事物的第一步就是识记，这就意味着人们对事物的关注不能仅仅是停留在粗略地一瞥上，而是要将反映到大脑中的信息记录在大脑的某个部位。如果我们对反映到大脑的事物置之不理的话，这个信息就终究难以逃脱被遗忘的命运。

让人们感到惊讶的是，小孩在这一点上要比成人出色得多，这是因为小孩的识别能力不如大人，所以他们始终都会以认真的态度去密切观察、仔细聆听，因此识记力会比成人表现得更优秀。而很多时候，成年人在面对周遭事物的时候只需要看上一眼，脑子稍微转一转，就能够轻松地识别身边的事物，但仅仅识别某物并不一定就能够记住，我们还需要学习小孩的认真态度。

第二阶段是保持。即通过反复记忆，将大脑中所记录的信息不断回放，使其自动稳定地保存在大脑新皮质中。

要想让某些东西长久地保留在记忆中，就一定要进行强行保持。所谓强行保持，就是将我们记住的东西同在我们记忆中已经保留的东西之间建立一种联系，而这种联系的建立需要有充足的联想能力作为保障。这种联想越是密切，识记的事物就越容易长久地保留在记忆中。

但是，如果想要深刻地记忆，仅仅依靠联想是不够的。我们还需要把这个名词归类，就像是图书管理员给书分类一样，方便我们在下次使用的时候能顺利地找到。如果我们只是单纯地将它保存在记忆中，那么等到我们需要用的时候，就要花很多时间将它从我们的记忆中筛检出来。就好像图书馆没有对图书进行分类一样，要想在书海中找出你需要的那本书可不是一件容易的事情。更何况，我们大脑中的记忆多达几百万甚至上亿条，寻找起来有多么吃力可想而知。

其实，我们平时的活动——不管是简单的还是复杂的，不管是早上进行的还是晚上进行的，也不管是单独进行的还是和朋友一起进行的，都能无须思索地自动地将这些识记的内容或行为进行归类。因为这已经是大脑的一种习惯行为了，只要我们一想到这些内容，大脑就能够自动完成分类工作。

所以，记忆是需要重复的。当然，这种重复并不是像小孩背书一样机械地记忆，而是通过经常与他人谈论，或者不断地回忆与之相关联的信息来进行。通常，在我们大脑中保存最久远的记忆往往是最深刻的，因为，在这许多年中我们在不断地回忆起这些记忆。

第三阶段是再现，又被称为回忆。也就是说，要让所保存的信息在需要的时候随时随地被提取出来。

回忆的活动是不会在大脑中自动进行的。为了能顺利想起某些事情，我们往往要深入挖掘记忆的宝库，好让这些信息浮现出来。但是，我们在寻找信息的时候通常会不得章法，总是左翻右扔，把信息弄得一团乱。

事实上，大脑是一种十分神奇的器官，它每时每刻都在关注着外界的信息，并且能够根据信息自动做出反应，就像开车一样，只要我们在起步之后挂上挡位，车子就能平稳地前行。

大脑的记忆过程简单来讲就是：事物首先通过外界的反应在大脑中留下记忆的痕迹，记忆痕迹在经过强行保持后由短时不稳定记忆状态逐渐转化为长时间牢固状态，并被储存下来，最后储存在脑内的记忆痕迹通过回忆或再认方式加以重现。

脑力训练：驯马师之死

清晨，海尔丁探长正在看骑手们跑马练习，突然马棚里冲出一个金发女郎，大叫着：“快来人哪！杀人啦！”海尔丁急忙奔了过去。只见马棚里一个驯马师打扮的人俯卧在干草堆上，后腰上有一大片血迹，一根锐利的冰锥就扎在他腰上。

“死了大约有8个小时了。”海尔丁自语道：“也就是说谋杀发生在半夜。”

他转过身，看了一眼正捂着脸的金发女郎盖尔小姐，说：“噢，对不起，你袖子上沾的是血迹吗？”

盖尔小姐把骑装的袖口转过来，只见上面有一长道血印。“咦，”她脸色煞白，“一定是刚才在他身上蹭到的。我叫盖尔·德伏尔，他是彼得·墨菲。他为我驯马。”

海尔丁问道：“你知道有谁可能杀他吗？”

“不，”她答道，“……也许是鲍勃·福特，彼得欠了他一大笔钱……”

第二天，警官告诉海尔丁说：“彼得欠福特钱的确切数字是15000美元。可是经营渔行的福特发誓说，他已有两天没见过彼得了。另外经化验，盖尔小姐袖口上的血迹是死者彼得的。”

“我想你一定下手了吧？”海尔丁问。

“罪犯已经在押。”警官答道。

你是否能够通过推理找出罪犯呢？

答案

罪犯是盖尔小姐。

她袖口的血迹出卖了她。盖尔小姐自称血迹是“刚才在他身上蹭到的”，可那时彼得已经死亡8个小时，此时血液早就凝固了，又怎么可能蹭到她的袖子上呢？

海马体的活跃度是决定你记忆好坏的关键

你是否有过这样的经历，无论如何也想不起来昨天的晚餐吃的是什么；当你从超市购物回来，踏进家门的一瞬间，猛然想起来还有一些必须的物品没有买；想不起来出门之前电视有没有关，然后不放心地回家去确认……这些表现会随着年龄的增长越来越明显。的确，人们的记忆会随着年龄的增长而出现明显的衰退，不过这些记忆大都是短期记忆。我们的短期记忆之所以会随着时间的流逝而出现衰退，是因为我们大脑中对记忆起关键作用的海马区的功能下降了，最直白的一个表现就是健忘。

海马区由两个海马体组成，它们之所以被称为“海马”，是因为其形状和生活在海洋中的海马十分相似，因此得名。两个海马体分别位于大脑边缘系统的左右两侧，直径大约有 1 厘米，长度约有 5 厘米，大约有成人拇指那么大。

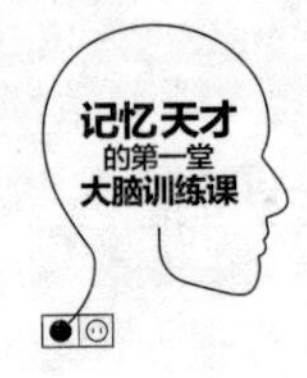

海马体负担着让生命延续的重任，海马体的一个神经细胞平均要与2万～3万个神经细胞进行联结。而海马体中的神经细胞大约有一千万个，整个大脑约有一千亿个神经细胞，所以海马体的神经细胞对我们有着十分重要的影响。

海马体类似于计算机的内存，主管人类的近期记忆，它存储着人们最近几周内或者几个月内的记忆，以便在使用的时候能够进行快速存取。海马体最为擅长的是帮助人们处理“叙述性记忆”，长期学习和记忆声光、味觉等事件。尽管海马体的个头不大，但是它对人们的记忆却有很大的影响。

要想知道海马体有什么作用，那么只要去看一下那些失去了海马体的人会变成什么样就会知道了。有些人，因为某些原因不得不通过手术摘除海马体。在脑科学家对摘除海马体的人们进行跟踪观察后发现，被摘除海马体的人无法制造新的记忆，他们的新记忆最多只能保持5分钟，5分钟过后就会自动消失。

而且大脑中氧气的含量决定着海马区的活跃程度。以前，我们总是喜欢形容头脑反应慢的人“血液循环不畅”，事实上也确实是这样的。随着人们年龄的增长，生理上的衰退使得流入脑内的血液量在不断地减少，这种状况势必会导致大脑中氧气的含量降低。如果，大脑中的氧气含量一直处于降低的状态，脑细胞得不到充分的氧气供养，那么其最终的结果就是死亡。

其实，因为大脑缺氧而引起记忆衰退的案例有很多，其中最典型的，就是一氧化碳中毒。很多一氧化碳中毒的患者即便最终能保住性命，但是记忆力也会急剧下降，这是因为人们在中毒后，体内的氧含量减少，海马区供氧量不足导致细胞坏死。

其实，要想证明海马区里的细胞会因供氧不足而导致坏死，根本不需要列举这么极端的例子，在我们身边就有事例能够证明。随着时间的流逝，我们的年龄逐渐增长，我们一天天地衰老，大脑的供氧量一天比一天少，长以此往，大脑就会陷入生理性氧气不足的状态，海马区也不能幸免。因为氧气不足，海马区的功能势必下降，那么就会造成记忆力减退的现象。

所以，当我们的记忆力开始下降的时候就是大脑在向我们发出警告的时候。

可是，为什么海马区的功能衰退只会对我们的短期记忆造成影响呢？这是因为，我们的长期记忆是保存在大脑皮层里的，所以，即使是在脑坏死的情况下，保存我们过去记忆的大脑新皮质的细胞数量也远远多于海马区的细胞数量。再者，长期记忆并非集中保存在我们的大脑皮层中的，而是分散保存的，因此，少量的脑细胞坏死基本上是不会影响我们的长期记忆的。即便我们的记忆会因为脑细胞的减少而变淡，也完全不用担心之前记住的事情会突然消失。上了年纪的人依然能够很清楚地记住自己童年时的事情，并且能够清晰地表达出来，这就证明了长期记忆的稳定性。当我们的年纪再长一点的时候就会惊讶地发现，我们在年轻的时候记住的事情不论经过多久，依然能够很清晰地回忆起来。

而且，有很多医学数据表明，并不是所有的脑器官都会随着我们

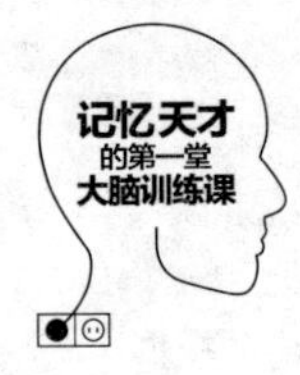

年龄的增长而走向衰退的。历史上有很多的政治家和学者，由于他们一生都在不停地用脑，所以他们大脑中负责高端思考以及分析的额叶联合区基本上没有什么损坏。不过，他们也和其他人一样，与记忆相关的海马区即颞叶也会率先衰退。

有数据显示，人们海马区的神经细胞以每十年 4% ~ 5% 的速度衰退。所以，当你 80 岁的时候，与 20 岁之前的鼎盛时期相比已经有接近 30% 的脑细胞死亡。同时，高胆固醇、糖尿病等成人病所引起的血黏度增高造成脑供氧量不足的状况，也会导致海马区细胞的死亡。这就更加剧了健忘的程度。

所以，如果我们大脑的供氧量相对充足，海马体中的神经细胞的坏死数量相对较少，那么我们的记忆就是好的，可是如果我们大脑的供氧量不足，海马体中神经细胞的坏死数量比较多，那么就会导致记忆力减退、健忘等现象。

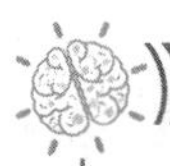

脑力训练：最多能喝几瓶汽水？

汽水一元一瓶，喝完后两个空瓶换一瓶汽水，问：你有 20 元钱，最多可以喝到几瓶汽水？

答案

40 瓶。

第一次，20 元钱能够买到 20 瓶汽水，喝完之后会得到 20 个空瓶。

第二次，20 个空瓶可以换 10 瓶汽水，喝完之后会得到 10 个空瓶。

第三次，10 个空瓶可以换 5 瓶汽水，喝完之后会得到 5 个空瓶。

第四次，5 个空瓶可以换 2 瓶汽水，剩一个空瓶，喝完之后一共有 3 个空瓶。

第五次，3 个空瓶可以换 1 瓶汽水，剩一个空瓶，喝完之后一共有 2 个空瓶。

第六次，2 个空瓶可以换 1 瓶汽水，喝完之后得到 1 个空瓶，此时可以跟商家借一个空瓶，一共有 2 个空瓶。

第七次，2 个空瓶可以换到 1 瓶汽水，喝完之后得到一个空瓶，再将这个空瓶还给商家即可。

以上计算过程即 20+10+5+2+1+1+1=40。

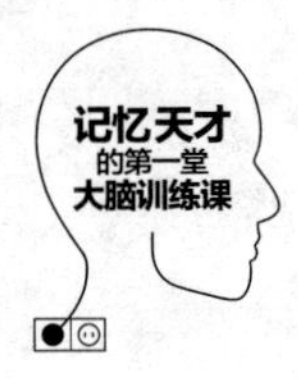

掌握你的最佳记忆时间

通常而言，一个人的最佳记忆时间很大程度上取决于个人的睡眠方式。按照睡眠方式来划分，人大体可以分为两大类，即“晚睡型”和“早睡型”。那么，晚睡型和早睡型又是怎样划分的呢？

“晚睡型”的人通常一上床立刻就能睡着，而且只要过很短的时间就能达到沉睡的阶段。晚上的噪音很难把他们吵醒。但是第二天早上他们睡得就不会那么沉，晚上对他们毫无作用的噪音在早上却能把他们吵醒。他们通常一下就能醒过来，不需要漫长的转变过程。

“早睡型”的人与“晚睡型”恰好相反，通常他们入睡的时间很长，而且在睡着后的一小时内特别容易惊醒，稍有声音就能让他们醒来。清晨的时候是他们睡得最沉的时候，所以，他们早上完全醒来需要一个漫长的转换过程。

如果不考虑特殊情况的话，通常“晚睡型”的人学习和记忆的最佳时间是在早上，因为在这个时候他们的五官最为敏感，而且脑细胞的活跃程度也是最高的，此时是接纳新信息的最佳时机。而“早睡型”的人则恰好相反，由于他们早上转醒的时间比较长，所以上午并不是他们记忆的最佳实践，因为此时他们的头脑还处于昏沉之中，等到中午或者下午的时候他们的脑力才达到最佳状态，所以，对于“早睡型”的人来说，一天之中，晚上的时间是他们学习和记忆的最佳时间。此时他们学习较难的材料会显得得心应手，十分轻松。

不过，这个最佳记忆时间也并不是绝对的，因为它同时还受其他客观因素的影响，如智力水平、白天的用脑强度等。如果两个人的智力是相同的，一个整天从事脑力劳动的人和一个白天从事体力劳动的人相比，前者晚上接纳新知识的能力自然比不上后者。

所以，如果想要有效地进行记忆和学习，就应该根据自身的情况，实际考虑各种起决定作用的因素。

当你在学习新内容的时候，不要强迫自己在第一天的时候将其全部掌握，其实只要掌握一部分就可以满足了。让你掌握的这一部分内容能够深入到大脑的内部。两天之后再重复一次，这样你会发现可以少费很多力气而且记得更加牢固。

尽管我们的脑容量是非常大的，但是你仍然要选择自己所需要记忆的事物，并不是说我们要事无巨细地记住身边发生的每一件事，因为，试图记住太多新的东西可能导致干扰和负载过度，而这种状况会让旧的信息更加难以记起，要想避免这个问题就一定要在记忆的时候对信息进行一定的筛选。

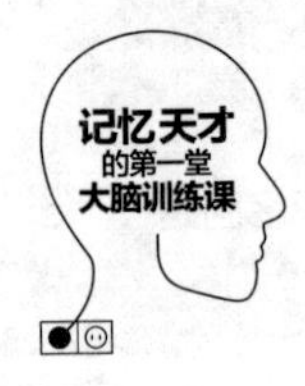

你要保证自己一接到任务就处理，从而减轻自己记忆系统的负担，因为这样一来你就不需要对它进行进一步的加工。其实，重要的是你要考虑如何才能让自己分辨出需要深度加工的信息，从而让记忆对付更为重要的信息。就像电话号码一样，你没有必要记住所有人的号码，只要记住你经常打的就可以了。

同时，也不要害怕提问，因为提问是加强记忆的重要方法。要养成设法从别人那里获取信息的好习惯，比如记住人们的姓名之类的信息，这些信息完全不需要你的加工。你可能会觉得提问会让你感到难堪，其实事实并非如此，试想一下，假如你和一位朋友只见过一两次面，如果他对你说“啊，非常抱歉，我不记得你叫什么名字了”，你会因为他的提问而感觉受到侮辱了吗？可能不会。至少这样总比被对方猜错了名字受到的侮辱要小得多。所以，如果在遇到忘记初识朋友姓名时，与其因为猜错别人名字而尴尬，还不如在犯下这种尴尬错误之前就大胆提问，确认对方的名字。人们通过对那些完全不需要加工的信息进行提问来确立事物的正确信息，就会避免假设的干扰，从而增强记忆系统对正确信息的记忆。

脑力训练：特尔斐城的少女

古希腊的特尔斐城有A、B、C和D四位少女。她们正在接受成为预言家的训练。后来她们之中只有一个人成了预言家，并在特尔斐城谋得一个职位。其余三个人，一个成了职业舞蹈家，一个当了宫廷女侍，第三个当了演奏家。

一天，她们四个人在练习讲预言。

A 预言：“B 无论如何也成不了职业舞蹈家。”

B 预言：“C 将成为特尔斐城的预言家。”

C 预言：“D 不会成为演奏家。”

D 预言：“我将嫁给一个叫阿特的男人。”

可是事实上，她们四个人中只有一个人的预言是正确的，而正是这个人当了特尔斐城的预言家。

她们四个人分别成为什么人？ D 和阿特结婚了吗？

答案

A 是预言家，B 是宫廷女侍，C 是舞蹈家，D 是演奏家。D 没有和阿特结婚。

由 B 的预言“C 将成为特尔斐城的预言家”可知，B 没有成为预言家，因为，如果 B 成为预言家，那么她的语言就应该是正确的，那么 C 将成为特尔斐城的预言家。这与“只有一个预言家”是相矛盾的。

既然 B 的预言是不正确的，那么 C 也没有成为预言家，所以 C 的预言也是错误的。既然 C 的语言错误，那么 D 最后成了演奏家，而 A 自然就是预言家。

所以由此可以判断出，B 成了宫廷侍女，而 C 是舞蹈家。D 最终也没有嫁给那个叫阿特的男人。

杏仁核对你的记忆有重大影响

杏仁核位于前颞叶背内侧部，海马体和侧脑室下角顶端稍前处。杏仁核附着在海马的末端，因其形状呈杏仁状而得名。杏仁核是边缘系统的一部分，它控制着人们的情绪，同时与我们的记忆也有很大的关联。如果一个人的杏仁核失去了功能，而海马体依然正常的话，那么他们就会失去感情，不过记忆功能并不会丧失。这样的人即便见到自己的亲生父母也不会生出亲切感，他们会记得父母的长相，但是对眼前的人却丝毫产生不了感情，他们会为自己的这种行为做出合理的解释："你们和我的父母长得很像，但是我知道你们肯定是假冒的。"

当我们的大脑遇到不合理的事情时，它会用最合理的方式做出判断。如果面对跟自己父母很像但是感觉很陌生的人，此时大脑做出的最合理的判断就是"他们不是我真正的父母"。

杏仁核只有我们大拇指的指甲盖那么大，而且杏仁核中的神经细胞是不会增加的，但是细胞之间的神经回路是有可能变密的。之前我们看到一件事物并没有太多的感觉，但是当我们的大脑形成对它产生反应的神经回路之后，就会对它产生感觉了。

美国解剖学家詹姆斯·帕佩兹于 1937 年发现了“帕佩兹环路”，它是人脑中的高速通道。当信息围绕帕佩兹环路运转的时候，人的记忆就能不断得到强化。信息先被眼睛或耳朵捕获到，然后将信息传到大脑皮层进行处理，并进入海马区。这些进入海马区的信息在经过前端控制感情的杏仁核的作用后，被传输到位于海马区尾部的穹隆神经纤维束，随后到达乳头体。之后，经过丘脑前核及扣带回两个部位，再次返回海马区并构成一个环路，这个环路就叫作帕佩兹环路。

大脑边缘系统是帕佩兹环路的舞台，它与人的情感和记忆息息相关，有研究发现，处于帕佩兹环路中的杏仁核掌控着人们的喜恶情绪。从所有感官联合区中得到的消息都会进入杏仁核，在那里与生命体中保存的关于重要价值评价的记忆进行核对工作。

有实验表明，如果刺激动物的杏仁核，动物会出现“停顿反应”，显得“高度注意”，并且会表现出迷惑、焦虑、恐惧、退缩反应或发怒、攻击反应。而且刺激杏仁核的首端会引起逃避和恐惧，刺激杏仁核的尾端，则会引起防御和攻击反应。

如果将动物的杏仁核破坏的话，它们就会出现“心理失明”或“过度变态”等症状。脑科学家曾经以猴子为实验对象，将它们的杏仁破坏掉，结果发现它无法分辨出什么是能吃的、什么是不能吃的。它们会将之前知道不能吃的玩具、塑料制品等放进嘴里。因为，它已经无法通过视觉来判定这件东西究竟能不能吃，只有放进嘴里才会知道。

趋利避害是动物的本性，通常猴子见到蛇之后都会马上逃跑，但是令人感到惊讶的是，杏仁核被破坏的猴子在见到蛇的时候非但没有逃跑，反而用手抓住蛇，并开始啃咬这条蛇的头部。即便它们之前被咬过，吃了大亏，它们也不会记得。尽管猴子的海马体会将自己被咬的事实作为记忆保留下来，但是它对关于讨厌以及恐惧的情绪却无法得到保存。因此，在下一次见到蛇的时候，它们依然会靠近它。

由猴子的行为可以看出，杏仁核不仅仅控制着人们的"好恶"情绪，它甚至还控制着动物体的"恐惧"情绪。这也表明，负责感情的杏仁核对感情的记忆具有决定性。"因为感到害怕，所以遇见蛇就跑。"这种记忆与生命有着直接的联系，因此也就更为牢固。而有时候我们明明是第一次来到某个地方，但是感觉却很熟悉，这也跟杏仁核有关。

我们的日常生活无时无刻不在受到杏仁核的影响，以吃饭举例。通常我们在品尝过一种食物之后，就会将其信息储存到海马区，随后杏仁核会对它做出判断，这样我们就能知道自己是否喜欢这个事物。当我们想要进食的时候，记住每一种食物的海马区与判断好恶的杏仁核之间不断地进行信息交换，以此来确定自己这一餐吃什么。

比如，不吃芒果的人绝大多数都是以前吃芒果引起过敏的人，所以，当他在看到芒果时，杏仁核就会马上发出厌恶的信息，因此这个人就绝不会再吃芒果。

原本关系很好的两个人，因为一点小事就反目成仇了。

经常去的健身房的教练换了，马上就不想再去了。

原本很喜欢踢球，可是自从点球射偏了之后就再也不想踢球了。

你身边是不是经常发生这样的事情，那么为什么我们会这么“善变”呢？这是因为我们的体验变了，这就会让自己原本喜欢的事情突然就变成自己讨厌的了。

对虾会过敏的人自然不会再吃虾，可是很多人都会相应地连螃蟹也不去触碰，尽管他们没有吃过。因为他们会认为“螃蟹和虾是同类，我吃虾会过敏，所以，吃螃蟹一定也会过敏。”人的这种想法就是杏仁核产生的效用。因此，即便一个人没有吃过螃蟹，在这种想法的影响下，他也会纠结于自己到底要不要吃的问题上。

如果有一天，他在喝醉或者其他情况下偶然间吃了螃蟹，结果什么事情都没有发生，这样一来，杏仁核中的记忆信息就很轻易地被置换了。以后再见到螃蟹的时候也不会再有任何抵触情绪，而是会很愉快地享受这顿美味。

由此可以看出，人们的好恶是可以随着发生在眼前的细小经验而轻易被改写的。所以，只要能够驾驭好你的记忆，你就能喜欢上原本讨厌的人，也可以让自己埋头于原本毫无兴趣的事情，从而改变喜好。

脑力训练：聪明的牧童

从前有个牧童进山采药。刚进山口突然被三个强盗拦住，他们拿着一块牌子，上面写着：“我们三人有一人专说谎话，一人专说真话，还有一个一半说谎话一半说真话。只许过路人问一个内容是一样的问题。我们回答只用‘是’或‘不’。如果你能分清我们三人各是什么人，才放你过去，否则就杀了你！”牧童想了想，巧妙提了个问题，就顺利通过了。

你知道聪明的牧童问的是什么话吗？

答案

牧童问的是“你会说话吗”。

说话是每个人都会做的事情，除非对方身有残疾，没有办法说话。牧童问强盗:“你会说话吗？”如果是说真话的强盗就一定会回答“是”，而说谎的强盗则一定会回答“不”，那么剩下的一个强盗就是一半说真话一半说假话的了。

联想让你的记忆更加深刻

“你有没有看昨晚的F1直播？汉密尔顿和莱科宁的角逐真的是太惊心动魄了！”

“我也看了，真的是太刺激了！对了，说到莱科宁，你知不知道他的故乡芬兰有‘千湖之国’的美称？”

“是吗？那芬兰的水资源应该很丰富吧。”

“是啊，而且他们的森林覆盖率也很高呢。”

我们的日常谈话会通过大脑的联想不断丰富对话的内容。就像上面的这段对话一样，通过联想，对话的内容能得以展开。通常而言，我们记忆力的重现是通过联想实现的。而且，我们的思考能力多多少少也要通过联想功能来展开。所以，只有在平时养成联想的习惯，我们的记忆力才会得到切实的进步。

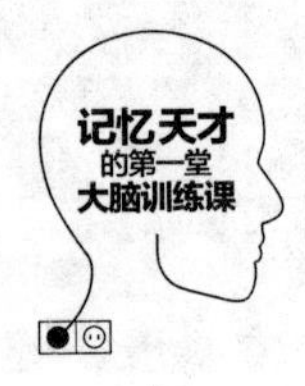

所谓联想，就是我们以往经历的一部分进入主观意识之中，这个经历的任何一部分往往都能使我们回忆起这个经历的其他组成部分。

当你想到班上年纪最小的同学时，往往也会想到班上年纪最大的那个同学；当你想起巨人的时候，往往也会想到小矮人；当你想到世界上最富有的国家的时候，往往也会想到世界上最贫穷的国家。这样的对照关系能让你将事物紧紧地联系在一起，记忆也会变得更为深刻。

一个笨拙的、成绩总是不及格的学生居然能够准确地说出他喜欢的球队在整个比赛期间的得分情况，甚至能够毫无偏差地说出每个球员的得分数、命中率和失误情况。你或许会说："这没什么值得大惊小怪的，兴趣使然嘛。"

不过对于这种现象，美国著名的心理学家威廉·詹姆斯给出了不同的见解。他认为，这个问题表面上看起来似乎并不难理解，是因为孩子的兴趣让他对球队的表现记得牢固，但其实不然，因为光凭借兴趣还是远远不够的。詹姆斯指出，小孩对他喜欢的那支球队的兴趣使他不时地回想起球队之前的比赛，而每一次的回想都是对第一次印象的重复，而且当他读到或者听到最近的一次比赛时，他的脑海中又会不自觉地想起之前的比赛，这样每回想一次就增加了一次联想，这样一来他就在不知不觉中加强了对每次比赛统计数字的记忆，这样做的结果就是每个比分、每个运动员以及每场比赛的赛况都通过不同的联想在他的大脑里牢牢地扎下了根，并且由于多次重复，加深了对这场比赛的印象。所以，尽管这名学生在学习方面的成绩较差，但是他依然能不假思索地回答出关于他喜欢的那支球队在比赛中的所有问题。

尽管他没有重复地观看比赛，但是联想力使他有可能反复想到它们。

没错，联想是唤起记忆重现的最佳办法。而且，联想力不仅能够加深我们的记忆力，而且也能使我们的创造力得到很大的提高。已经有大量的事实证明，绝大部分的灵感都是通过联想产生的，而过去很多伟大的发明也是通过联想而被创造出来的。

那么，我们的联想能力能否通过训练得到提升呢？答案当然是肯定的。

在进行联想力的训练之前，我们还需要做一些准备工作。首先找一张白纸，然后在上面画一个 3×4 的表格，然后给每个表格按照 1、2、3……12 的顺序进行编号，然后在表格的下方留出一栏空白，当作备注。这样，准备工作就算大致完成了。

然后你需要用到一只手表，并且将时间限定在一分钟之内，接下来你就能进行联想力的训练了。看着一件事物，然后围绕着它展开联想，并且将脑海中浮现出来的事物记到你做好的表格里面。也许偶尔会有一些毫无关联的事情突然闪现出来，这也没有关系，这个训练的重点就在于，你要将自己所想到的事物原封不动地记下来，即最大程度还原你当时所想到的一切。

在进行联想训练的时候还有一点时需要注意的，那就是在这一分钟的时间内，你要不断地想起各种事物，保持联想的持续性。

因为，你需要在短短一分钟的时间记录下 12 件事物，所以，每个事物分配到的时间为 5 秒，所以你必须要按照这个速度将脑海中浮现出的事物记录下来。

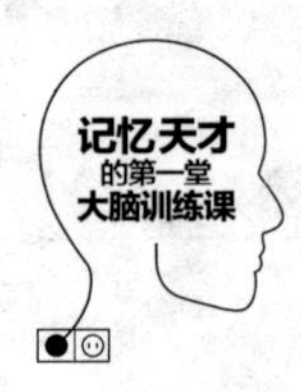

除此之外，还有一种最有效的联系联想力的方法就是“成语接龙”。这个做法与之前的类似。同样要准备一张 3×4 的表格，然后分别编号。限时一分钟，将 12 个空格填好。一开始的成语没有任何限制，选什么都可以，只要是把浮现在你脑海中的记下来就好。这个训练不仅能够帮助你记忆得更加深刻，而且在很大程度还可以改善你的回忆功能。

脑力训练：怎样才能喝到橘子水？

瓶子里装着橘子水，瓶口塞着软木塞，既不准打碎瓶子、弄碎软木塞，又不准拔出软木塞，那怎么做才能喝到瓶子里的橘子水？

答案

将木塞推进瓶子里。

艾宾浩斯遗忘曲线揭示记忆的规律

记忆的保持和遗忘是一对冤家。它们彼此之间互不相容，如果你能回忆起很久之前发生过的事或者学过知识，那就表明你记住了，如果回忆不起来或者回忆出现错误，那就表明你已经将它遗忘了。不过，遗忘是有规律可循的，只要我们能掌握这个规律，那么保持记忆就不是一件难事。

艾宾浩斯遗忘曲线是与记忆相关的著名实验之一。德国心理学家艾宾浩斯将很多数字无顺序、无意义地组合在一起，形成数列，并让实验者对这些数字进行记忆，看他们最终能记下多少。他通过这个实验来调查人们记忆的保持率。

艾宾浩斯通过研究发现，遗忘在学习之后立即开始，而且，遗忘的过程并不是均匀的。在学习结束之后的遗忘速度是最快的，之后逐渐减缓。

实验结果如表 2 所示：

表 2　遗忘的速度与时间的关系

时间间隔	记忆量
刚刚记忆完毕	100%
20 分钟后	58.2%
1 小时后	44.2%
8 ～ 9 小时后	35.8%
1 天后	33.7%
2 天后	27.8%
6 天后	25.1%
1 个月后	21.1%

于是，艾宾浩斯认为“保持和遗忘是时间的函数”，他根据实验结果描绘出遗忘过程的曲线，这就是著名的艾宾浩斯遗忘曲线。

艾宾浩斯遗忘曲线的纵轴代表记忆的保持量，横轴代表时间，曲线表明了遗忘发展的一条规律，遗忘进程并不是均衡的，也不是固定地一天丢掉几个，过几天又忘掉几个。在识记之初，是人们遗忘最迅速的阶段，之后遗忘速度会逐渐减慢，到了相当长的时间之后，我们就几乎不再遗忘了。遗忘的进程不仅受时间因素的制约，也受其他因素的制约，最先遗忘的是不重要的、不感兴趣的、不需要的材料，而且不熟悉的要比熟悉的遗忘的要快、要早。而成人对于无意义的音节遗忘速度很快，而对散文的遗忘速度相对较慢，韵律诗则是遗忘速度最慢的一个。

艾宾浩斯遗忘曲线揭示了遗忘的规律。其实，记忆就像电池一样，如果我们将其放置不管，那么电量就会不断下降。因此，要想保持良好的记忆，就需要不断地重复记忆，来进行充电。

有这样一个实验：两组学生共同学习一段课文，甲组同学在学习后不用复习，而乙组的同学在学习之后按照艾宾浩斯遗忘曲线的规律进行复习，一天过后研究人员发现，甲组的记忆保持率为 36%，而乙组的记忆保持率为 98%；一周后，甲组的记忆保持率仅为 13%，而乙组的保持率为 86%。通过这组实验数据可以看出，乙组的记忆保持率明显高于甲组。

这个实验表明，我们可以根据艾宾浩斯遗忘规律来巩固记忆。首先，识记 5 分钟和 20 分钟后对识记内容进行重复，确认自己是否已经记住了。然后 1 小时之后再次确认，6 ～ 12 小时之内再次确认，24 小时后再次确认。在遗忘最快的时候加强对识记内容的重复，能够帮助我们有效地记忆。

这种“重复效果”是保持记忆的强大武器。无论怎样毫无关联、毫无意义的单词，在重复记忆 100 次之后，你也很难再将其忘记。

艾宾浩斯在关于记忆的实验中还发现，要想记住 12 个无意义音节，平均需要重复 16.5 次；要想记住 36 个无意义音节，则平均需要重复 54 次；而要想记住六首诗中的 480 个音节，只需要平均重复 8 次。

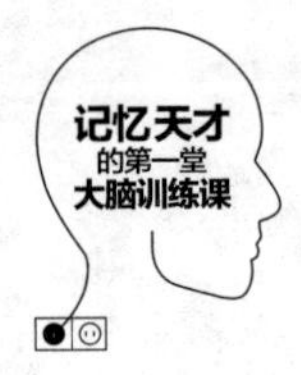

艾宾浩斯的这组实验数据表明，较为容易记忆的是那些有意义的材料，而无意义的东西在记忆的时候会十分吃力，以后回想起来的时候也不会那么轻松。所以，当我们在记忆的时候一定要勤于复习，而且记忆的理解效果越好，遗忘就越慢。

日本著名的运动心理学家儿玉光雄的记忆能力惊人，他在大学的时候痴迷于单口相声，记住了 50 多个单口相声的段子，如果他把拿手段子全部表演一遍的话，大概需要 19 小时 30 分钟。日本的单口相声要求台词一字一句都不能有差错，因此 50 多个段子是一个十分庞大的记忆量。

一段 20 分钟左右的单口相声大概有 8000 字，儿玉光雄只要听三次基本上就能完整地背诵出来了。这是因为他掌握了记忆的窍门，并且根据艾宾浩斯遗忘曲线的规律进行复习，因此很快就能把台词记住。

第一次听的时候，他会让相声的故事在头脑中形成画面，然后在记台词之前一边想象出场人物的活动，一边专心地听录音。

第二次听的时候，他会紧紧抓住故事中的关键台词。所谓关键台词就是能够清晰指明相声脉络的台词，少了它相声的脉络就无法形成。

第三次听的时候，就去记忆那些零碎的台词，这样一来台词就会很自然地进入脑海中。

听完这三次之后，要做的就是反复进行表演，根据艾宾浩斯的遗忘规律，在记住台词的 1 小时后、6 ~ 12 小时后和 24 小时后进行复习，这样一来短期的记忆就能变成长期记忆保存在脑海中。儿玉光雄正是通过这样的方法记住了 50 多个单口相声的段子。

艾宾浩斯遗忘曲线是艾宾浩斯在实验室经过大量的测试之后，得出来的一个具有共性的群体规律，所以这个实验并没有考虑到接受实验者的个性特点。但是，记忆规律可以具体到每个人。因为我们的生理特点、生活经历不尽相同，而这会导致我们不同的记忆习惯、记忆方式和记忆特点。所以，艾宾浩斯遗忘曲线只能当作记忆规律的参考，我们可以根据这个遗忘规律发掘出最适合自己的记忆方法。

脑力训练：有多少人戴着黑帽子？

有一群人开舞会，每人头上都戴着一顶帽子。帽子只有黑白两种，而且黑色的帽子至少有一顶。每个人都能看到其他人帽子的颜色，却看不到自己的。主持人先让大家看看别人头上戴的是什么颜色的帽子，然后关灯，如果有人认为自己戴的是黑帽子，就拍拍手。第一次关灯，没有声音。于是再开灯，大家再看一遍，关灯时仍然鸦雀无声。一直到第三次关灯后，才有噼噼啪啪的拍手声响起。问有多少人戴着黑帽子？

答案

三人。

第一次关灯没有拍手声，说明戴黑帽子的不止一人，因为如果只有一个人的话，他看到周围的人都是白帽子，就能断定自己戴的是黑帽子，那么第一次关灯就会有拍手声。

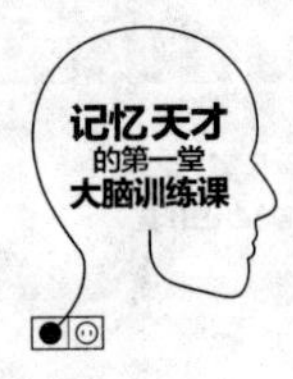

第二次关灯没有拍手声，就说明戴黑帽子不止两个人。因为如果有两个人戴黑帽子，在第一次关灯没有拍手声后，他们就能断定自己戴的也是黑帽子，因为除了他们看到的对方之外，其他人都是白帽子，那么第二次关灯的时候就会有拍手声。

第三次关灯的时候有拍手声，说明戴黑帽子的有三个人。因为前两次关灯都没有人拍手，那就说明除了自己看到的两个戴黑帽的人之外，还有其他人戴着黑色的帽子，可是除了黑帽A和黑帽B之外周围都是白帽子，那么就能断定自己也戴着黑帽子。

大脑能记住感兴趣的东西

莫里斯的水迷宫实验是检验白鼠记忆力的一个非常有名的测试。把白鼠放置在一个直径 2 ~ 3 米的注满水的水池中，水用不透明的颜色染透，水面下放置一个可供白鼠避难的浅滩。尽管白鼠是一种生活在陆地上的动物，但是它们无须进行专门的训练就能轻松自如地游泳，不过这并不代表游泳是白鼠喜爱的运动之一。所以，被放进水池中的白鼠都会在想方设法在第一时间寻找可以避难的浅滩。

第一次被放进水池里的白鼠会在水池里四处打转，并且很难找到位于水面之下的避难浅滩。莫里斯对白鼠进行反复训练，在这期间他经常变换白鼠的入水点，不过浅滩的位置一直是不变的。一周之后，那些最初还惊慌失措的白鼠能很快就找到这个避难场所。也就是说，浅滩的位置已经储存在白鼠的记忆中了。

由于白鼠每次的入水点不同，所以，对白鼠而言，找到浅滩的唯

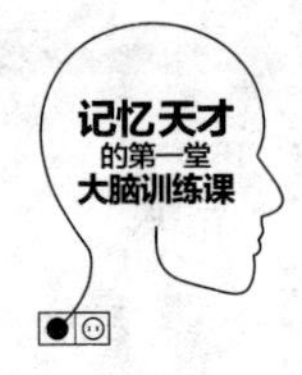

一办法就是参考水池外的环境，即放置水池研究室的样子。于是，白鼠一边参考周围的环境，一边借助自身的记忆来确定浅滩的位置。

最初，白鼠需要花费几分钟的时间才能找到浅滩，可是在经过几天训练后，它们大约之用 5 秒钟就能找到浅滩的位置了。研究人员通过测定白鼠到达浅滩所花时间的推移状况，就能正确评价白鼠的学习能力。

这个实验表明，只要对某些方面有注意或者感兴趣，记忆力自然就能得到强化，也有一些数据可以对此进行证明。

比如，美国的著名心理学家亨德森做了如下调查，他让 10 位学生回想出到目前为止生活中发生的 100 件事情，结果显示，他们的回忆中有 55% 为愉快的事情，33% 为不愉快的事情，剩下的 12% 是普通的事情。这也表明，像这样快乐的事情留在记忆里的概率比较高。

在体育运动中，胜利的时刻总是要比失败的时刻更让人记忆犹新，其中的原因是因为人脑能够记住生活中愉快的东西，而对于不愉快的事情会选择遗忘。不论是在生活中还是工作、学习中，都有一股无形的力量推动着人们去无意识地忘记安歇不开心的事情，记住那些愉快的事情。所以，要想让记忆变得更迅速、有效，就要在快乐记忆上面下功夫，比如一边听着你喜欢的音乐一边工作，心情会变得愉快，学习效率就会提高。而且，还有数据显示，鼓励和夸奖也能使记忆提高。

比如，给出十道智力题让实验者来解答，所有人的题都是一样的，答好题后对他们的答案进行评分。在公布分数的时候，不论真实的成绩如何，都对其中一半应试者说："10 道题答对了 7 道，真的很棒啊。"

而对剩下的一半则说："10道题答错了7道，还需要继续努力啊。"实验证明，被夸奖的那一组成绩得到了很大的提升，而被批评的那一组的成绩则出现了下降。

如果将这个方法应用到记忆中的话，我们的记忆是可以得到提高的。这是自信是提高记忆力的能量所在，有了自信，感觉器官就会变得敏锐，同时，β－内啡肽以及多巴胺这些能够提高人体干劲儿的神经荷尔蒙的分泌也会增加，能使记忆力提高的信息传导物质乙酰胆素也会随着自信的增加而增加。由此可见，自信可以引起大脑积极的生理变化，因此"有兴趣才能更有进步"这句格言用在记忆上实在合适不过了。

如果一名销售顾问对自己的工作十分感兴趣的话，那他就会对自己所销售的商品的性能和相关知识进行深入的了解，而他为了能够清晰准确地解答顾客的各种异味，就必须要记住数量惊人的商品知识。有些销售员甚至能够记住上千位顾客的姓名和生日，这样一来他们就会在客户生日的时候打去电话，表示祝福。他们超强的记忆力总是会令人心生敬佩，其实，是强烈的想要将商品卖出去的动机使他们的记忆力得到了提高。

反之，如果一个人并不喜欢销售这份工作，那么他就无法做到记住顾客的姓名和生日这样的事情。不论你怎样强调这样做的重要性，他也无法记住这些东西。这是因为，动机的强弱与记忆力息息相关，要想提高记忆力，就要对相应的事情感兴趣或产生动机。不论什么时候都不要单纯地去记忆，因为这种做法是完全错误的。

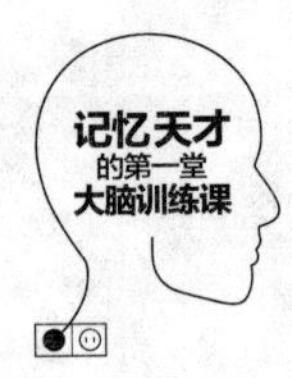

脑力训练：怎样找出不合格的罐头？

有10箱罐头，每箱20瓶，每瓶重1000克。由于工作人员的失误，有一箱罐头每瓶都少装了50克。现在要求只准打开9箱罐头，并且只称一次，将那箱不合格的罐头找出来，请问你知道该怎样做吗？

答案

将箱子从1到9进行编号，然后依次抽出与箱子编号相同的罐头，即1号箱抽出1瓶罐头，2号箱抽出2瓶罐头……以此类推。这样一共取出1+2+3+……+9=45瓶，称重。如果不缺重的话，总重量应该为45×1000克＝45000克。所称的实际重量为X。如果X恰好是45000克，那就表明10号箱是不合格的罐头，但是如果所的重量低于45000克，那么45000-X=所缺的重量，算一下所缺重量为50的多少倍，就能知道是哪一箱出了问题。如果缺50克，就表明第1箱有问题，缺100克，就表明第2箱有问题……以此类推。

大脑的主动遗忘是为了更好地记忆

记忆或许是这个世界上最神奇的一件事情，但是记忆力太好或太坏都会给我们造成困扰。有个女人能记住过去每天发生的每一件事情，而有个男人却从来记不住过去的事情，他只能记住自己最近的想法。这两个人可能是全世界记忆最好和记忆最差的两个人了吧。通常这种记忆特别好或记忆特别差的人都属于记忆异常，而我们普通人则处在这两种极端之间。

记忆是很奇怪的东西，有时不想记住的却深刻在脑海之中；想要记住的却总是会在不经意间从我们的大脑逃走。我们的记忆是什么？而我们的遗忘又是为了什么呢？

我们的记忆就像一个保险库，里面保管着我们过往的经历、想法、秘密，通常而言，我们的“保险库”越大，记住的就越多，知道得就越多，也就越少犯错。

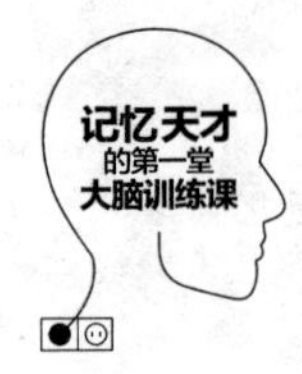

不过，过去的信息或经验并不会总是在需要的时候就能立即从大脑中提取出来，生活中我们经常会遇到这样的事情，比如，我们怎么想也记不起来的电话号码、和自己说话的人的名字、说好拿给他人的U盘又一次忘记放进包里……

我们的大脑每天都要记住很多的新事物，随着不断接触新事物和新的记忆加入，遗忘也会不可避免地出现。也就是说，记忆新事物会对记忆中原本就存在的、与新事物相联系但却无关的旧有记忆造成损害，但是这种遗忘是有益的，大脑不断地弱化不重要的记忆和经验，将会保证自身更有效的工作。其实有记忆就会有遗忘，如果没有遗忘，也就没有所谓的记忆了，大脑的主动遗忘是为了我们能更好地记忆。

有研究者对这种理论进行过实验，为了更好地了解大脑对无关信息的处理能力，大脑会与记忆信息进行处理，以便下次记忆的过程能够进行的更为顺利。这就表明，我们的大脑具有很强的可塑性和适应能力，它不仅能够强化我们大脑中的某些记忆，同时也能抑制或者弱化大脑中那些不重要的记忆。

大脑的这种功能主要是由前额叶皮层来完成的，前额叶皮层就像是大脑的CEO，它主管着大脑的记忆和遗忘。它能削弱大脑中无关记忆的能力，因此能腾出更多的空间供大脑处理其他的信息，因此对于需要的新信息的记忆也就变得更加容易。

记忆是一种十分复杂的认知活动，因为它们之间是相互联系的。比如，当你在回忆昨天的晚餐时，你也会想起一段时间内关于晚餐的所有信息。为了能够更好地记忆，需要一系列的机制来帮助我们选择真正需要的信息，并且有效区分有用的信息和与其他记忆有联系但是无关的信息。

在最初记忆时需要集中注意，因此负责这部分工作的前额叶皮层的工作量非常大。但随着其他无关信息的削弱，前额叶皮层进行记忆时的工作量会减小。例如，银行要求客户每半年更换一次密码。最开始客户仅需要记忆一个密码，但是当更换新密码时，新密码就与旧密码产生了冲突，此时前额叶皮层就需要记忆新密码，而记忆新密码的容易程度很大程度上取决于人们遗忘旧密码的程度，研究者通过研究证明了这一点。

正因为无关记忆被遗忘，大脑在进行新的记忆活动时才会更轻松。正如研究者指出的："尽管遗忘在某些时候会让人感到沮丧，但事实上它对我们的记忆能力是有利的。"

如果我们没有办法有效遗忘，那么我们的记忆库里就会充斥着无数庞杂而无关的信息，这样一来我们的思路就变得不那么畅通，没有办法将精力集中到需要的事情上。而且，对于遭受过心理创伤的人而言，遗忘就显得更为必要。

哈佛大学西理学家丹尼尔·沙克特认为，人类神经系统的全部意义就在于：让我们对目前正在发生什么、未来将要发生什么产生一种意识，从而尽可能以最好的方式应对。大脑就好像预测仪，为了能保持正常运转，它必须从有可能成为记忆的混沌信息流中找出秩序。很多经过大脑的事情，在经过筛选之后忘掉就好了，不需要将它们长期的保存在记忆中。如果我们把看到、听到或想到的一切都保存到大脑中，那么脑袋就会被无关紧要的信息淹没。

博尔赫斯曾在其小说《博闻强记的富内斯》中描述了一个丧失了遗忘功能的人，主人公记得生活中的每个细节，但却没有办法区分哪些事情是重要、哪些事情是无关的，也不能归纳总结，这种状态让他感到十分痛苦。人之所以为人，关键在于我们懂得忘却。所以说，“思维就是忘却”。

尽管遗忘是我们生活的状态，但是如果与自己以前的状态或者同龄的人相比，遗忘的速度加快、数量变多了，那么，健忘开始了。如果遗忘的内容增多、速度加快，尤其是再三提醒后仍无法回忆，则要怀疑是否达到疾病的程度，如痴呆。脑部的疾病可以加速遗忘，还有的人在遭遇重大打击性事件后也会遗忘那个阶段的不愉快事件，如癔症。在这里要注意的是，当遗忘的速度和数量达到疾病的程度如达到痴呆，就需要医学干预了。

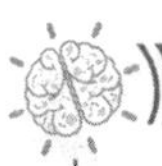

脑力训练：怎样确定时间？

有两根不均匀分布的香，它们烧完的时间都是一小时，那么你能用它们来确定一段15分钟的时间吗？

答案

能。

这个思维训练题其实很简单，为了方便大家理解，我们将整个过程分解成三个步骤：第一步，先点燃一根香的两端，另一根香只点燃一端；第二步，等到那根两端都点燃的香烧完之后，便将另一根香的另一端点燃；第三步，从点燃另一根香的另一端开始，直到它烧完的时间就是15分钟。

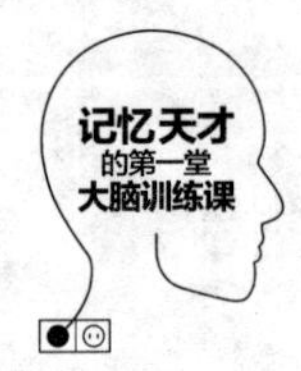

走出记忆力的认识误区

在日常生活中，人们对记忆力的认识有一些错误，这些错误没有得到及时纠正，然后他们又将这些错误观点传给了自己的孩子，这种做法在客观上阻碍了很多人记忆力的发展。所以，关于记忆力的一些误解有必要被澄清一下。

首先，人们的记忆力并非天生的。

很多人都认为，人们记忆力的好坏是先天决定的，有些人天生记忆力就好，而有些人天生记忆力就很差，其实这种观点是完全错误的。记忆力的好坏并非天生，而是后天培养的。

不过，人的记忆功能是与生俱来的，人们从出生的那一刻就拥有了记忆的天赋，但是并没有优劣之分，因为这是我们大脑固有的功能，记忆力在最初的时候就像是一张白纸，它最终是变成美丽的画卷还是一片涂鸦取决于你怎样去图画它。如果你能很好地开发记忆潜能，那么自然就会拥有好的记忆力。可是，如果你只是由其自便的话，记忆力自然就不会那么出色。

人们的记忆功能从出生的那一刻起就被启动，之后就分秒不停地工作，日复一日，年复一年。我们之所以能记住生活中不同事物之间的差别，是因为我们的大脑在一刻不停地进行着记忆活动。不管我们是忙碌还是清闲，不管我们是在吃饭还是准备去上班，总是有各种形象、念头和想法不断地冒出来，在我们的脑海中打转。这些在我们脑海中川流不息的影像正是我们记忆中产生的各种相互交织在一起的思想和记忆链。

我们日常生活中的很多行为都是来源于我们曾经接受过的某种训练。我们的大脑在某些时刻记住了某些信息，然后把它们分门别类地储存在记忆中，并且随时准备在我们需要的时候浮现出来。记忆力能不断获得信息，将这些信息储存起来，然后在必要的时候显现出来，这是记忆力特有的功能，而且记忆力在进行着一系列的活动的时候并不需要我们刻意去做些什么，因为大脑能够自动启动我们的记忆系统。

记忆一旦开启，就会一直自动运转下去，如果我们不想任由其自由发展，那么我们可以充分发挥自身的能动性，让它的运转效率变得更高。记忆力是十分神奇的，而且其自身也蕴藏着十分巨大的潜力。必须要后天对其进行挖掘才能闪现出它的光辉。

其次，机械重复并不代表拥有良好的记忆力。

我们每个人在上学的时候一定都经历过这样的情景，为了应付考试或者老师的检查，需要一遍又一遍地机械性地背诵所学的内容，以

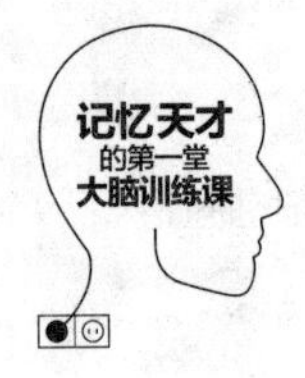

便它们能在我们的记忆中留下痕迹。那些通过死记硬背，在第二天早上鹦鹉学舌般复述出来的孩子，通常都会被老师认为是好学生的代表。可是，这样机械性的重复记忆就一定表明对方拥有良好的记忆力吗？

人们总是会错误地认为，机械性的重复记忆是拥有良好记忆的基础，但是事实并非如此。处在 8 ~ 10 岁年龄段的孩子，通常很容易将接受的信息全部机械性的记住，尽管他们可能根本就无法理解这些信息的真正含义。而对于年龄更小一点的孩子比如 4 ~ 5 岁的孩子而言，他们甚至连重复都不需要，就能够全部记住外界传输进来的信息。

当你在进行机械性的重复记忆时，或许根本就无法理解自己重复的内容是什么，但是你并不会因此感到奇怪，因为你想当然的认为，机械记忆与逻辑的推理和分析是矛盾的，就如同一台机器在反复地重复一道工序一样，它们根本就不需要思考。

真的是再也没有比这个观点更荒唐的了。的确，我们在之前提到过，人们处在 8 ~ 10 岁的年龄段的时候，大脑的成长十分迅速，他们可以只重复几遍就记住所有的事情，但是他们对信息的接纳就像囫囵吞枣一般，因为处在这个年龄段的孩子的大脑还没有发育完全，他们尚不具备辨别和选择哪些东西需要记忆，哪些东西不需要记忆的能力。

人们一进入青春期，机械记忆的记忆效果就会变得越来越差，记忆事物变得越来越困难。这是因为，在这一阶段，联想记忆的能力出现，并且开始逐渐取代机械记忆，通常孩子们在还不知道应该怎样使用这种方法去记忆的时候，就已经具备了这种能力。联想是一种智力活动，所以，人们的智商越高，记忆力就越好。

最后，年龄的增长并不意味着记忆力的衰老。

很多人都有这样的观点：由于人们的脑细胞每天都会以成千上万的数量死去，而脑细胞无法再生，一旦那些储存着人们记忆的脑细胞死去，人们也就会随之失去记忆。因此，随着年龄增长而逐渐衰退是一种自然规律，是一件令人们无能为力的事情。

事实上，这种想法并不正确。的确，从我们出生开始，每天都会以惊人的数量丧失脑细胞，但是人们脑细胞的数量是非常庞大的，那些死去的脑细胞与全部脑细胞相比，是微乎其微的，简直就是九牛一毛。即便我们活到 120 岁，脑内的细胞数量仍足以让我们一字不差地背诵出曹雪芹的巨著《红楼梦》，也足以让我们像爱因斯坦一样发现新的物理定律。

有人可能会产生疑问：随着人们年龄的增长，我们的记忆力也确实是在逐渐衰退，我们开始忘记几分钟前说过的话，想不起将重要的文件存放在哪个文件夹，也会在平日做事的时候丢三落四，这些行为已经对自己和他人都造成了很大的困扰。如果年龄的增长不代表记忆力的衰退，那么，这些健忘行为又是什么原因造成的呢？

事实上，这些情况的产生，与大脑记忆功能的减退无关。科学实验表明，人的记忆功能的确会随着年龄的增长而越来越快地衰退。但造成人们记忆力衰退的实质，不是因为脑细胞功能减退，而是因为随着年龄的增长，人们逐渐降低了对事物的关注程度和对周围一切的兴趣，是人们从心理上任其自然消退所致。换而言之，令人们的大脑行动变得缓慢的，不是因身体机能的衰老和障碍。而是人们对事物关注程度和兴趣。从这点来看，只要保持对周围事物的关注度是避免记忆衰退的重要方式。如果人们能时刻保持对周围事物的关注，那么，不论人们的年纪有多大，都依然能够拥有良好的记忆力。

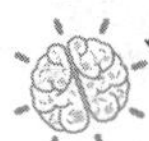

脑力训练：分金条

工人为你工作7天，报酬是一根金条。这根金条被平分成相连的7段，你必须在每天结束的时候给工人一段金条，如果只允许你将金条截断两次，那么你应该怎样截断这根金条？

答案

把金条分成三段，分别是整根金条的1/7、2/7、4/7即可。

第一天结束的时候，给工人金条的1/7。

第二天结束的时候，给工人金条的2/7，然后收回第一天的1/7。

第三天结束的时候，给工人金条的1/7。

第四天结束的时候，给工人金条的4/7，然后收回1/7和2/7。

第五天结束的时候，给工人金条的1/7。

第六天结束的时候，给工人金条的2/7，然后收回第五天的1/7

第七天结束的时候，给工人金条的1/7。

这样就可以只将金条截断两次，并且在第七天的时候将整根金条支付给工人。

第三章 让大脑释放天赋的“秘密武器”

For the brain to release"secret weapon"

- 阅读给大脑带来益处
- 试着提高你的阅读速度
- 能让你的阅读速度快十倍的阅读法
- 开启照相记忆力，让阅读不再缓慢
- 离开心理舒适区是学习新知识的开始
- 把一本书变成一张薄纸的神奇阅读法
- 全脑阅读，让左右脑同时运作起来

阅读给大脑带来益处

在生活中，我们每天几乎每天都在进行阅读活动，如读书、看报纸、浏览网页等。这对我们而言是再平常不过的事情，不过研究人员发现，阅读对我们的大脑有着无尽的好处。

或许，这样的话根本就让你提不起兴趣，因为从小到大老师一直都在对我们说："你们一定要好好看书，里面的知识对你大有帮助，因为它你能让你变得更聪明。"可是，我们这里讲的有益并不像老师告诉你的有益那么简单。

斯坦福大学的研究人员做过这样一个实验：召集一批文学博士志愿者，志愿者在参与实验的时候被要求阅读简・奥斯汀的小说，不过他们有两种不同的阅读方式的选择，他们可以选择休闲放松地阅读，也可以选择批判性地分析阅读，就像是为了应付考试而要求自己理解这个章节的全部内容一样。

他们选择好方法之后，研究人员让他们在功能磁共振成像仪的监控下开始进行阅读。

研究人员能够通过磁共振成像仪看到志愿者大脑中的血液流动情况，他们发现了一件十分有意思的事情：当志愿者在阅读的时候，血液会流经大脑中执行管理功能的区域，除此之外，也流经了与掌控人脑短期记忆的相关区域。这种现象看起来也许并不是十分古怪，因为当人们在阅读的时候需要集中注意力才行。

但是研究人员还发现，人们在进行批判性地认真阅读时，需要开启某种特定的复杂认知功能，但是这项功能在平常的时候是不常用的。

研究人员通过对监控得到的数据表示，批判性的、文学的阅读和休闲性的阅读会引发大脑完全不同的神经训练，这两种不同的阅读方式会引发人们不同的认知功能，即是“工作”还是“休闲”，而这两者也构成了真正意义上的“人脑训练”。

此外，研究人员还发现，仅仅是要求读者改变阅读方式，比如从“休闲型”的阅读转变为“分析性”的阅读，那么就能大幅度地改变神经活动和血液流经大脑的模式。这项研究成果可以应用于阅读对大脑的影响方式，比如训练大脑使人能更好地集中精神和理解。

这个实验的最初设想来自于一位英国的文学学者，他一直都想知道阅读文学名著的真正价值是什么。除了书中给人文学知识的追求和对文化、历史和人性的尊敬，阅读是否能给人们带来一点切实的益处？实验的结果显示，事实确实如他期望的那样。

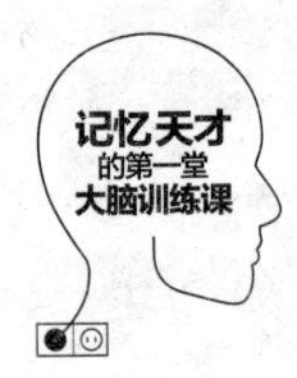

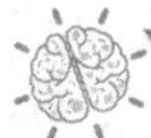

脑力训练：一轮牌

A、B、C三人闲来无聊，于是他们决定打牌来消磨时间，很快三人就打完了一轮牌。其中每盘只有一个赢家。

（1）谁首先赢了三盘谁就是这一轮牌的赢家；

（2）没有人能连续赢两盘；

（3）A是第一盘的发牌者，但不是最后一盘的发牌者；

（4）B是第二盘的发牌者；

（5）三人围着桌子，坐在固定的位置上，并且按照顺时针的方向轮流发牌；

（6）无论谁发牌，他发牌的那一盘都没赢。

那么，你能推断出是谁赢了这一轮牌吗？

答案

B赢了这一轮牌。

根据（1）、（2），可以判断出，三个人至少玩了5盘；而根据（1）、（3），可以推断出，这三个人最多玩了6盘。

如果是玩了5盘，那么根据（2）所提供的信息可以推断出，这一轮的赢家必然是赢了第一、第三和第五盘。但是根据（3）、（4）和（5）的条件，我们能得到这样一个结论，那就是每人都必定会轮上一次发牌。这样一来就与（6）相矛盾。所以，他们肯定是玩了6盘。

因为这三个人玩了6盘，那么根据（3）、（4）和（5）提供的信息可以推断出，C是最后一盘，也就是地六盘的发牌者。根据（1）

可知，第六盘的赢家就是这一轮牌的赢家；在根据（6）提供的条件，可推断出一定是A或B赢了第六盘。

如果是A赢了第六盘，那么根据（6）可以推断出，他就不会赢第一盘和第四盘，而根据（2）提供的信息，可判断出他也不回赢第五盘，于是他只能是赢第二和第三盘，可如果是这种情况的话，就与(2)的说法相矛盾，因此判断A并没有在第六盘的时候获胜，那么必定就是B赢了最后一盘，因此B也就成为这一轮牌的赢家。

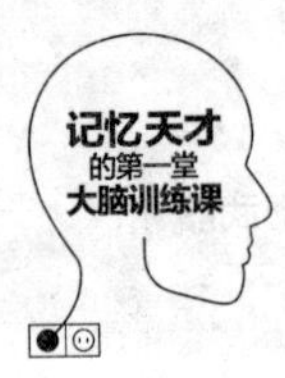

试着提高你的阅读速度

阅读几乎是我们每天都要做的事情，这是无论如何都逃避不了的，即便我们不读书也不看报，但随着科技的不断发展，我们每天还是会浏览网页。大量的信息充斥在我们的周围，那么如何快速有效地提炼阅读内容中的有效信息就成了当务之急，因为在这个知识爆炸的时代，我们的阅读速度显得太慢了。

一部机器如果长期闲置不用，它就会生锈，即便它原来的性能再好，现在也只不过是一堆没用的废铜烂铁。人脑也是这样，如果长期闲置不用，也是会生锈的。一位日本学者的调查资料表明，平时工作紧张、用脑较多的人，他们的智力要比懒散者高 50%。而英国的一位神经生理学家认为，人脑紧张工作开始得越早，持续的时间越长，脑细胞老化的速度就越慢。

而阅读尤其是快速阅读则能有效地帮我们杜绝大脑生锈状况的发

生。这是因为，快速阅读记忆是一种高强度的脑力活动，是让多感官同时参与的高级神经活动过程，它能最大限度地开发大脑潜能，不断地给大脑以丰富的刺激，让大脑这台性能优良、高速运转的机器因为这些刺激而变得更加发达。

根据心理学家的实验观察，人们在阅读的过程中，眼球并不是沿着每个字连续不断地移动的，而是经常会出现眼球停顿的现象，即抓住一些字静读一下，然后再移到另一些字上去。所谓阅读活动，就是人们的眼球一连串的快速跳动的活动。因为，我们只有在眼球停视的时候才能感知字句，所以，在阅读的过程中，我们有 90% ~ 95% 的时间是被眼球停视所占用了，而眼球移动则只占全部阅读时间的 5% ~ 10%。每次人们眼球停视获得的文字信息的多少与视觉广度有关，如果人们的视觉广度较为宽广，那么可以同时看见 6 ~ 7 个字，可是如果视觉广度较窄，那么每次只能看到 3 ~ 4 个字。有时还会对一个字注视多次，甚至还要重复回视，通常而言，重复回视的次数越多，占用的阅读时间也就越多。

其实人们阅读速度的快慢最大的区别不再与眼球运动的速度，而是在于眼睛固定时所视知的材料。有实验表明，在同等时间内，速度和慢读眼睛所固定的总量是相等的，可是所读的词汇量速度是慢读的 4 倍。比如跳跃阅读即无声阅读就可以加快眼球跳动次数，增大眼球跳动幅度，拉大注视点的间距，也可以最大限度的收集信息资料。这种阅读方法能将文字直接通过视觉神经输送到大脑，减少外部发音的程序，同时也能减少注视的次数，扩大视野广度。

现在请你回想一下，当你在听一场演讲的时候，什么样的演讲者能抓住你的注意力，让你瞬间就能记住他们说的话呢？是的，这些演讲者的口才通常都很好而且语速较快。相反，如果一个演讲者的语速很慢，那么他不连续的语句就会让我们困惑，不清楚他的演讲思路是什么样的。这是因为他的语速过于缓慢，我们的瞬时记忆无法完成概括任务，这样一来也就不可能提前预知和概括出来他说话的主要观点，而大脑也因为接受和处理信息的速度突然减慢，进而出现注意力分散、思维紊乱的现象。

其实这种现象在阅读中也会出现。我们的大脑需要不断的刺激，可是当我们一次只读一个字所产生的刺激远远不能满足大脑的需求，于是大脑就会主动向别处寻求刺激，这样尽管我们读的很慢，但是却依然理解不了我们所读的文字的内容。从人的认知生理来说，大脑的运转速度要比眼睛快很多，如果非要比较的话，其速度就像电脑和算盘之间作比较，这也就表明大脑的理解速度要比我们的阅读速度快得多。

20 世纪 90 年代一项关于人脑的研究结果表明，人脑记忆力的强弱取决于神经细胞的信息传递通道，即神经轴突网络。大脑中的神经轴突越多、越活越，记忆力就会越牢固。通过视觉快速摄入的大量信息是刺激大脑轴突的润滑剂，能让大脑变得更灵活，相反，如果阅读速度过慢，而且还读得少，大脑就会怠工。所以，读得慢不一定记得就好。

我们的大脑就像一台高速运转的处理器一样，它进行概括综合的处理速度要快于分析的速度。这是因为综合是一种模糊的处理，而分析则要求精确。所以，阅读速度越快，对我们的综合概括就越有利，也就能更容易地提取信息。

我们的思想是借由瞬时记忆形成的，所以一般人通常瞬时可以记下大约 7 个组块的内容。而内容的多少则取决于每个人激发记忆的能力，如果你的阅读速度快，那么瞬时记忆就很容易将各部分汇集起来，理解就会变得更容易。此外，快速阅读还能帮助我们在大量的信息中迅速地寻找出重要的信息，忽略大量的垃圾信息，锁定关注的焦点，换言之，速读可以只将有用的信息输送到大脑中进行保存。

在迅速阅读的时候，我们的眼睛和大脑可以互补。眼睛搜集到的信息能迅速地传导我们的大脑中，进行快速地处理。而眼睛没有看到的，我们的大脑可以进行再创造。如果我们不清楚一个词是什么意思，那么我们不妨根据上下文来确定。如果你不清楚一个句子的意思，反复的阅读是没有用的，你只能放慢阅读速度，然后再继续往下阅读，这样你就能弄明白这个句子的意思了。这是因为，有些时候作者通常会用好几句话来阐明一个观点。

如果我们都能运用大脑的无限创造力来弥补视觉的不足，那么我们在阅读的时候就能读的又快又好，而且记忆也会十分牢固。可是，如果你在阅读的时候只是让词语在头脑中过了一遍，但是并没有大脑的高速运转来配合，那么这就不是真正意义上的阅读。所以，快速阅读使人形成的是段落阅读的能力。

快速阅读要求人的眼脑都能进行快速反应，这样一来不仅能够加快阅读的速度，同时又能锻炼头脑反应。速读不仅能激发脑细胞活力，促进脑细胞轴突的生长发育和神经信息的传递储存，使大脑更加活跃，而且还能让思维变得更加迅速，促进注意力的集中，增强用脑效率，快速进行信息处理。同时，单位时间内的记忆量也会大大增加。

美国西尔旨曼和罗斯·塔克尔博士通过实验证实了提高眼脑的反应能力对人们学习的作用。他们选择了一所位于纽约的特殊学校，之所以说特殊，是因为里面的学生多是少年违法者。在那里他们要求 64 位情感有障碍的孩子每周通过阅读练习器进行三次练习。孩子们被要求通过目镜看一束明亮的光，那束光很快地闪过，这束光里隐含着一句话，但因为速度太快，以至于孩子们的意识根本没注意到。就这样练习了几周之后，孩子们参加了加利福尼亚阅读水平测试。测试结果显示，他们的阅读进步了，而且成绩明显高于控制组。更让人感到惊喜的是，他们的数学成绩也在不知不觉中得到了提高，作业的完成质量也变得越来越高，此外他们的课外行为也更符合社会规范了。

由此可见，让学生进行快速阅读练习，不仅适应素质教育的需要，而且适应终身教育的需要。中国传统的教学只注重对知识的灌输，反而忽略了对人本身智慧和潜能的启迪，忽略了对认知过程、学习技巧的掌握。这中传授知识的方法只能让学生感到不满，甚至对学习产生反感。而快速阅读练习，不仅能提高学生有效阅读的能力、提高理解力、注意力，而且还能充分挖掘学生的潜能，为其终身发展奠定基础。

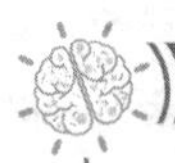

脑力训练：高考

小王、小刘和小张三人一起参加了今年的高考，考完后他们在一起讨论。

小王说：“我肯定能考上重点大学。”

小刘说：“重点大学我是考不上了。”

小张说：“要是不论重不重点，我考上一般大学肯定没问题。”

结果，等到成绩公布的时候，三个人中进入重点大学的、一般大学的和没进入大学的各有一人，并且他们三人的预言只有一人是对的，另外两个人的预言与事实恰好相反。

那么，三个人中有谁考上了重点大学，谁考上了一般大学，谁没有考上大学？

答案

小刘考上了重点大学，小张考上了一般的大学，而小王没考上大学。

根据题目提供的信息，首先可以假设小王的预言是正确的，那么这样一来小王和小刘就都考上了重点大学，这与题目中所说的“三人只有一人预言是正确的” 相矛盾。所以，由此可知，小王的预言是错误的。

再假设小刘的预言是正确的，那么据此可以得出小张没有考上大学，而小刘和小王都只考上了一般的大学，那么这也与题目中“三人只有一人预言是正确的” 相矛盾。所以，由此可知小刘的语言也是错误的。

最后假设嚣张的语言是正确的，那么就可以依此推测出小刘考上

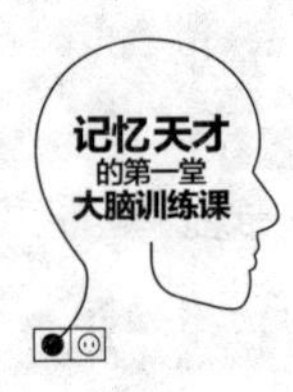

了重点大学，小王没有考上大学，而小张则考上了一般的大学，这一结论与题目中的各个条件都不矛盾，因此可以，小张的预言是正确的。

能让你的阅读速度快十倍的阅读法

在如今这个信息爆炸的时代，我们每天都要阅读大量的文字，如果我们一直使用之前传统的阅读方法，不仅费时而且耗力，而十倍速影像阅读法能够满足我们每天对文字的需求量，而且让我们对于任何题材、目的、文章形式及理解力等都能有弹性地应付。这是因为十倍速影像阅读法能够活用脑部具备的所有能力，充分发挥大脑的潜能。

首先，在阅读之初要先做好准备。

所谓的准备就是要明确阅读的目的，想一下自己阅读这份东西是为了得到些什么，是需要掌握要点，还是为了寻求解决问题的办法？总之，阅读的目的一定要清楚且明确，因为只有我们心中有一个明确的目的，才能牵动潜意识运作，最终产生我们想要的结果。

当你的目的明确之后，就试着让自己的精神集中起来，但是要保持放松的状态。就像是小孩玩耍一样，小孩子在玩游戏的时候身心都是处在放松状态中的，但是他们心中有着一个十分明确的目的，这样他们就能在玩耍的同时得到自己想要的。我们所需要的就是这样的状态。

其次，还要学会预习。

这里讲的预习与我们在学习的时候老师所讲的预习是不同的。我们在阅读之前一定要对文章先进行一番“调查”我们的目的并非是了解文章详情，而是掌握它的整体结构。然后，找出文章中关键的词语，它是表现文章主要内容的关键词语，能在需要详读的部分引起你的注意。

如果能掌握好上面的两个要领，预习一本书你只需要花 5 分钟的时间，而一份报告只需要 3 分钟，一篇报道只需要 30 秒的时间就足够了。在预习的同时要再次确认阅读的目的，并且根据寻找到的关键词，确认即将要开始的阅读是否具有价值。如果综合两方面的因素判断出这篇文章或这本书不是自己需要的，那么你就可以放弃阅读了。

预习就像是在给即将要阅读的内容进行“X 光”照射，目的只是为了知道它的大体结构。一旦我们了解了整体结构，我们就能预想到即将学到的是什么，因此能更好地把握文章内容，增强理解力。

再次，就要进行影像阅读了。

要想进行影像阅读，首先要让自己的精力集中并且身心全面放松，因为一旦我们进入这个状态，大脑就不会再产生杂念，更不会感到紧张和不安。

接下来，在阅读的时候不要让视线的焦点集中在一个字或者一句话上面，而是将视线放宽，让它能充斥整页内容，就像摄相一样。这样的聚焦方式就像是身体和精神上的一扇窗户，我们将外界的视觉刺激通过这扇窗户直接投射进脑中，当我们摄入整页文字后，信息就会被送到右脑的信息处理系统。神经会对每一页的视觉刺激做出反应，思维可以在不受显意识的批判性或逻辑性思考的阻碍下，进行模式的认识。如果以一秒钟一页的速度进行阅读，那么一本书大概只需要五分钟的时间就能看完了。

然后，活化。

通常在我们进行完影像阅读的时候，我们对看过的内容几乎没有意识，我们只能借助活化的步骤再度刺激大脑，将我们所需要的东西抽离出来。向大脑提出具体的问题，然后再从文章中找出感兴趣的部分进行再次阅读，并且在你感觉十分重要的地方进行“挑读”。在进行“挑读”的时候，一定要相信自己的知觉。

活化的过程就是运用大脑的整个程序，把潜意识所摄取的文章内容同显意识上的认识连接起来，达成阅读的目的。

最后，高速阅读。

这是十倍速影像阅读法的最后一个步骤，这个步骤与我们的就有的阅读法十分相似。所谓的高速阅读，就是将文章从头到尾进行快速浏览。高速阅读是具有弹性的，在这个阶段，不论你花费多长时间进行阅读都没有关系，你完全可以按照内容的难易程度、重要性和自己是否具有相关知识储备等情况，对阅读速度进行调整。

快速阅读的优点是能消除影像阅读给自己带来的不安，而且快速阅读是在显意识的层面上进行操作的，所以它能满足我们切实想要了解内容的需求。

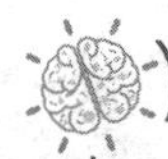

脑力训练：分苹果

育新幼儿园招考教师时，有这么一道考题：“幼儿园收到一位叔叔送来的5个苹果，可小朋友却有6个。这苹果怎么分？”有个考生回答说：“把每个苹果都切成6份，每个小朋友分5份就行了。”主考官说：“这道题还有个要求，不能把苹果切成3份以上，所以你未答对。但允许你再考虑一分钟。”考生沉思了片刻，终于答对了。

你知道第二次考生是怎么分的吗?

答案

三个苹果每个分成两份，两个苹果每个分成三份，每个小朋友各得一份。

开启照相记忆力，让阅读不再缓慢

右脑具有照相记忆的能力，这种能力就是将信息以图像的形式记忆并重现的能力。如果一个人能掌握右脑的照相能力，那么在阅读的时候一眼就能看到一页的内容，以这样的速度来推算，看完一本书只需要几分钟的时间而已。不要认为这是不可能的事情，其实人类天生就具备这样的能力。

曾经有科学家做过这样一个实验，他们将不同形状的小石头分为三层，每层都放置五个，让来自非洲和日本两个国家的小朋友对其进行记忆，随后将这一堆石头的顺序打乱，让这两个国家的小朋友把石头恢复原样。

实验的结果让所有参与研究的人员都感到意外，来自非洲的小朋友很快就把石头回复了原样，而日本的小朋友却只能摆对两三块石头的位置。为什么会出现这样的现象呢？这是因为，非洲的小朋友在日

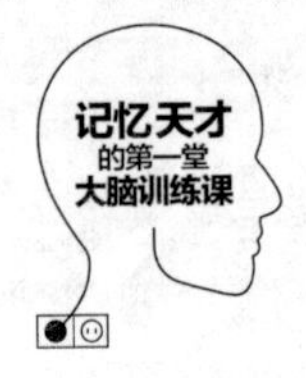

常生活中养成了照相记忆的能力，他们通常一眼就能看出在草原上奔跑的马群的数量，如果换作我们，估计早就已经被奔跑的马群绕晕了。

在日本的江户时代，大分县有一个名叫帆足万里的人，他被称为大分县的“三贤人”之一，从小就展现出了超凡的记忆力。

有一天，帆足万里在外出的时候遇到了一阵大雨，于是他就跑到路边的染坊去躲雨。当时，染坊的主人正在结账，因为万里很喜欢算账，就站在主人旁边看他结账。几天之后，那家染坊发生了火灾，染坊主的账本也在那场大火里被烧了。账本里记录的是尚未收回的账，可是账本已经葬身火海了，所以欠款注定是收不回来了。就在染坊主焦急万分的时候，万里找到他，并将账本里记录的人名、地址和交易内容等都背诵给染坊主听。染坊主在高兴之余，也对万里超强的记忆力赞不绝口。

在日常生活中，也有很多人具有帆足万里这样的照相记忆能力，比如一流的音乐家在演奏的时候，只要瞥一眼乐谱就能记住几个小节、十几个音符；围棋和象棋比赛的选手们在下完一盘棋之后，通常都能将刚刚的棋局重现出来。

所以，这种照相记忆能力是人天生就具备的，这一点也能从大脑生理学的角度进行解释。我们已经知道，大脑分为两个半球，左半球主要通过语言来记忆，遵循逻辑的顺序，是一种直线式的处理信息的方式，花费的时间相应地就会变多。而右脑在进行记忆的时候，通常都是将记忆内容转化成图像储存起来，这样一来花费的时间就要比左脑记忆少了很多，由此可见右脑采用的是并列处理信息的方式。这种处理信息的方式能够极大地提高大脑的记忆速度，而且还能相应地节省精力和时间，据研究人员表示，右脑的照相记忆法与左脑的传统记忆法相比，记忆同一件事情所要花费的时间和精力，前者只需要后者的 1% 就能完全记住了。

尽管我一再说，右脑照相记忆能力是每个人天生就具备的能力，但是在我们的成长过程中，很多人都没有善加利用右脑的照相记忆能力，根据自然进化中用进废退的现象，所以我们右脑的照相记忆能力就逐渐退化了。不过也没有必要太担心，因为这种照相记忆能力是我们与生俱来的，所以，我们只要通过合理的训练，就能重新拥有这种能力。

当我们在使用右脑照相记忆时，只要将一本书的内容读过两三遍之后，就能全部复述出来。利用右脑照相记忆法，那些我们只看过一眼的内容像拍照一样记下来，并且通过图像使其再现。这样一来，你或许只需要花费几分钟的时间就能将一本书的内容全部读完。

如果你还是对右脑照相功能持不信任的态度的话，那么看看下面关于日本生物学家南方熊楠的案例，你或许就会相信了。

南方熊楠在刚刚上小学的时候，记忆力就十分惊人。一天，他在邻居家玩的时候，无意中发现了邻居家的书箱里收藏着《和汉三才图会》，他将这本书的所有内容都记了下来，回家后将内容一字不差地默写了下来，更重要的是，南方熊楠还能记得书中全部的画面。

南方熊楠这种让人感到十分不可思议的记忆力其实都托右脑照相记忆能力的福。这种能力并非是天才的专属，普通人在经过一定的训

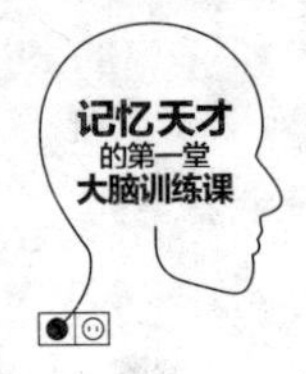

练之后，也能达到那种水平。

在日常生活中我们就可以进行简单的照相机以训练。首先要备好印有图画、数字和文字的卡片，并以每秒钟一张的速度让志愿者只看其中的5张，然后再让志愿者将看到的内容写下来。然后将卡片发那个回去放回去，打乱顺序，然后再抽5张……这个实验是需要反复进行训练的。在刚刚开始的时候准备7张，然后逐渐增加，8张、9张……就这样不断地进行训练，只有坚持训练，大脑的照相记忆能力才能被激活。

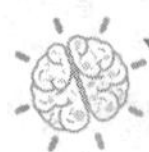

脑力训练：握手

王叔叔、李伯伯、周叔叔、林阿姨和张阿姨一起参加会议。开会前他们相互握手问好。王叔叔和四个人都握了手；李伯伯和三个人都握了手；周叔叔和两个人握了手；林阿姨只和一个人握了手。你能知道张阿姨和哪几个人握了手吗？

答案

张阿姨和王叔叔、李伯伯握了手。

王叔叔和四个人握了手，说明王叔叔和除自己之外的每个人都握了手，即同李伯伯、周叔叔、李阿姨和张阿姨都握过手。

林阿姨只和一人握过手，所以她只和王叔叔握过手。

李伯伯和三个人握过手，因此可以推断出这三个人是王叔叔、周叔叔和张阿姨。

周叔叔和两个人握过手，那么这两个人只能是王叔叔和李伯伯。

离开心理舒适区是学习新知识的开始

心理舒适区又被称为舒适区，是一个十分神奇的区域。在这个区域里，你会感到无比的放松、舒适和稳定，这是因为舒适区里的一切都是你所熟悉的、能够掌控的事物，这让你很有安全感。可是，一旦你走出这个舒适区，就会觉得别扭和不舒服，而且各种无法掌控的因素也会增加自身的不安全感，不习惯是最为常见的表现之一。比如，你已经习惯了使用右手吃饭，当你换成左手吃饭的时候就会感觉十分不舒服；当你习惯了用右手写字，突然间要求你用左手写字，肯定也会感到不适应。这就说明，在你的心理舒适区内，你只能用右手吃饭、用右手写字。

在生活中，每个人都会有一个适合自己的心理舒适区，人们在这个区域内不愿意被他人打扰，他们有属于自己的生活节奏和做事方式。可是一旦当你受到了来自外界的刺激或挑战，那么你就会从舒适区进

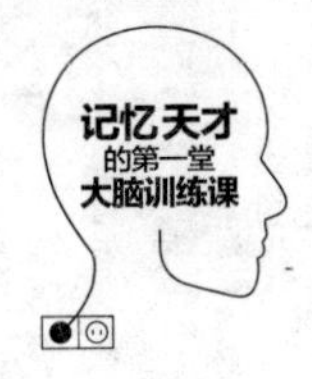

入"压力区"。可是，很多人因为无法承受在"压力区"屡屡碰壁而给自己的心理造成的负担，于是，他们就会选择缩回到最初的舒适区。

其实，每一次离开原有的舒适区，都是一次学习新知识的旅程。舒适区就好比是你坐在沙发上一边和这啤酒吃着花生，一边乐呵呵地看着电视，这样的生活确实十分舒适，可是如果你想要拥有健康的身体，那么就必须要离开沙发，放弃啤酒和电视，每天进行慢跑，锻炼身体。

既然我们将其称为"舒适区"，那么如果我们离开了舒适区活动，就必然会引发一定的不适。我们都会本能地让自己处在舒适的环境和状态之中，可是一旦我们周遭的情况发生了变化，我们的大脑就会马上做出反应，以防这种突如其来的不适会发展到危及生命的地步。所以，如果我们想要扩大舒适区的范围，那么就要学会克服这种本能的抗拒。

其实，我们的心理舒适区并不是一成不变的，当我们能够鼓足勇气，向外界迈出一步，那么我们的舒适区就会随之扩大。人脑拥有上百亿个脑细胞，可是在人们刚刚出生的时候，这些细胞之间没有任何的神经元树突。只有当婴儿不断地吸收营养，接受外界信息刺激的时候，脑细胞之间才会逐渐长出树突。营养越丰富，信息刺激越强烈，那么树突的数量就会越多。每个发育完好的脑细胞上都能长出数千条树突。这些树突相互连通，就形成了错综复杂的神经网络。人类的学习过程从本质上来说就是不断建立新的细胞联系，扩大原有的神经网络规模的过程。神经网络越复杂，大脑就越发达。有了发达的大脑，人自然就会变得更加聪明，继续学习新知识的能力也就越强。而我们要做的就是不断体验新的事物，在使脑细胞之间建立更多新的联系。

脑神经之间建立了新的联系，就意味着我们学会了一种新的知识或技能。随着不断地练习，原本刻意而为的动作就会逐渐成为习惯。这样一来，我们的舒适区就扩大了整整一圈。就像之前提到的为了健康而放弃沙发啤酒而去健身的例子，只要我们能下定决心，每天强迫自己去跑步锻炼，那么，你肯定会在两个星期之内就会自发地喜欢上这项运动。如果哪天没锻炼，反而会觉得缺了些什么，浑身不自在。这个时候，慢跑就已经成了你新的习惯，并且落在了全新的舒适区的范围之内。

此外，我们还可以通过学吉他的例子来表明这一问题。如果你真的下定决心要学习弹吉他，那么首先你应该先给自己找一个吉他老师，跟着这位老师上的第一节课就是你迈出舒适区的第一步。在经过一段时间的学习与练习之后，你开始会弹奏一些简单的曲目，这样你的舒适区就往外扩大了一圈。如果你仅仅满足于会弹奏几首简单的乐曲，并且就此止步不前，那么你在这领域的进步也就走到了尽头。可是，如果你还想尝试难度更大的曲子，那么你就要再次离开舒适区，重新经历识谱、记旋律、练指法这一系列的过程。每次从老师手中接过新乐谱的时候，你都只能断断续续地弹出大概的旋律，否则只能说明你拿到的是毫无挑战的练习曲。换言之，任何进步都必须建立在面对困难、战胜困难的基础上。只有一次又一次地挑战自我，走出原有的舒适区，我们才能不断提高自己的能力。

同样，对于阅读而言也是这样的道理。如果你一辈子都只用一种阅读方法，那么你的阅读力自然不会有提升。如果想要提升阅读能力，那么就要走出你的舒适区，坚持使用正确的阅读方法，勤加练习，你的舒适区就会在不知不觉中变大。这是因为，在你不断练习、接受新事物的过程中，你的大脑建立起了更多的神经树突的联系。

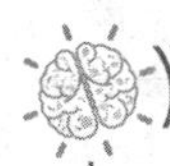

脑力训练：店主亏了多少钱

一人拿一张百元钞票到商店买了25元的东西，店主由于手头没有零钱，便拿这张百元钞票到隔壁小摊贩那里换了100元零钱，并找回那人75元钱。那人拿着25元的东西和75元零钱走了。过了一会儿，隔壁小摊贩找到店主，说刚才店主拿来换零的百元钞票为假币。店主仔细一看，果然是假钞。店主只好又找了一张真的百元钞票给小摊贩。问：在整个过程中，店主一共亏了多少钱财（不考虑店主利润）？

答案

店主共亏了100元。

他除了收到一张百元假钞外，没有什么别的损失。

如果那张百元钞票是真币，那他并没有赚和亏，如果百元钞票是假钞，就只损失了100元。

把一本书变成一张薄纸的神奇阅读法

你是否相信，我们在读书的时候，能将一本书变成一张薄纸来进行阅读。其实，这种神奇的阅读方法真的存在，而且方法还很简便易学，不过这需要借助之前我们提到过的一种思维方式，那就是思维导图。只要有了思维导图的帮助，我们就能迅速准确地读完一本书。

要想把一本书变成一张薄纸，首先要对全书进行浏览，大致了解其所讲的主要内容及书的结构和章节标题。我们搜集到的这些信息将会成为思维导图的主要分支，它们从中心图形发散出来。此时的中心图形可以是概括全书内容的主题，也可以是这本书的插图，总之，是便于你回忆的图形就行。

当我们画完思维导图的主要分支之后，就可以随意地往上添加细节，即便是不按照书的先后顺序来阅读也没有关系。思维导图像一个“自我组织的系统”，它能将工作的进展时刻呈现在你的面前，这样一来不仅能够增强你的理解能力，是你能够更快、更有趣味性地进行学习，而且还能大大提高自身的记忆力。

当你在看一本书的思维导图的时候，就像是在看一本相册一样，每一个图形都包含着成千上万条信息，这些代表信息的图形能够触发我们的记忆，能让你只看上一眼就能联想起一系列的需要的信息。

在所有的书籍当中，小说的思维导图是最容易绘制的。不过要注意的是，如果小说有章节标题，有些时候，这些标题并不能很好地概括章节的内容，所以此时它们就不适合作为思维导图的主要分支，对章节进行大致的浏览，你能从中发现更好一些的关键词或语句能够替代章节标题成为思维导图的主要分支。

所有的小说都是由确定的要素构成的，小说的这一特点为我们将其浓缩成一页纸提供了极大的便利。小说的三大要素为情节、人物和环境。

通常而言，在绘制思维导图的时候，情节就是整部小说所讲述的事件的结构；而人物则主要记录他们的类型和发展走向；环境主要记录小说发生的时间、地点。除此之外还需要绘制语言、想想、主题、象征、哲学、类型等主要分支。

在绘制语言分支的时候，要注意把握小说的总体水平、词汇的类型以及整体的节奏；在绘制想想分支的时候，要注意想象的类型，以及作者留给读者的充分的想象空间；在绘制主题分支的时候，要注意小说想要表达的主题思想，通常以爱情、权利、金钱或宗教等主题，是小说中较为常见的；在绘制象征分支的时候，要注意作者巧妙地运用的比喻、象征或者类比等修辞手法，常见的有花朵象征爱情，风暴象征愤怒等；在绘制哲学分支的时候，要注意提炼作者的观点，尽量用简洁的语言表述出来，有些时候，作者提出某观点是为了挑战读者的思维方式的；在绘制类型分支的时候，要考虑小说是什么类型的，它究竟是侦探类、历史类还是神话类。

当我们按照这种方法来绘制思维导图的时候，你很快就能理清不同人物之间的关系，以及事件发生的时间、经过和结果。思维导图就像你在漆黑的海面上航行时的灯塔，能够只因你前进的方向，让你更深刻、更全面地理解你正在阅读的作品。

当我们将整本书的思维导图绘制出来的时候，你就会发现你已经对书中的情节和脉络十分熟悉，而且即便你很久不再翻看，只要一看到绘制的思维导图，这本书中的内容就会立刻出现在你的脑海中，就像昨天刚刚阅读完一样。

脑力训练：开关和灯泡

有两间房间，一间有三个电灯，另一间有三个电灯开关。每个开关能打开一盏灯。如果只可以进这两个房间各一次，那要如何知道哪个开关控制那盏灯？

答案

首先，打开第一盏灯，让它亮很久，再把它关掉。

然后打开第二盏灯，并且到另一间房间去。

此时摸一下灯泡，发热的灯泡为第一盏灯，亮着的灯泡是第二盏灯，那么剩下的那个就是第三盏灯。

全脑阅读，让左右脑同时运作起来

全脑阅读是一种能让左右两个半脑同时运作的方法，它能在阅读中使左脑和右脑同时得到开发，使之协调一致，彼此配合，以达到开发大脑潜能、提高阅读效率的目的。

那么，全脑阅读法具体是怎样操作的呢？

第一，全脑快速阅读。全脑快速阅读是人们从文字中迅速有效地提取所需要的信息的阅读方法。在生活中，大多数人在读书的时候喜欢念出声音，但是这种方式是从左脑输入信息的，所以阅读的速度相对较慢。而全脑快速阅读是视读法，把文字当作图片，从右脑输入信息，进而在全脑进行处理。由于全脑直接反映而省去了发音和听觉器官的活动，所以这样能大大提高人们的阅读速度。

第二，全脑图示阅读。这种方法的特点是以“图”释“文”。它讲究形象性、整体性、凝练性和美学性。这种方法也是从右脑输入信息，

进而进行全脑处理的，图示是展示文章的“屏幕”，也是学习文章的“导游图”，是阅读教学的微型形象课文。

第三，全脑反刍阅读。这种方法要求我们要同时进行语感训练和性感训练。通常而言语感训练就是指通过诵读领悟法，触发意会法，语境揣摩法、比较推敲法、练笔感受法等，从整体上培养对语言的敏感。而形感训练则是通过说文解字法、角色扮演法、想象作文法等，培养对形象的敏感。

这三种训练方法，前两种的训练侧重于右脑的开发，而第三种训练方式则侧重于左脑。当我们能交替熟练运用这三种训练方式的时候，我们的阅读效率就能得到提高。

除了以上三种训练方法，在全脑阅读训练的过程中，我们还需要重视精读法。所谓精读就是读文章的时候逐字逐句、逐段逐节、深入细致地阅读，要把握基本的概念、理论、观点以及全部内容，并且进行研究与探索，这样的阅读才算得上是精读。精读法需要我们慢慢地去品读，只有这样才能更好地消化和吸收书中的内容和精粹。很多自我进修、自学成才的人士也是采取这种方式来阅读的。

精读法训练需要人们做到“五到”：即心到、口到、眼到、手到和脑到。

所谓心到，就是要求人们在阅读的时候应该集中精力，做到全神贯注；口到就是指在背诵和朗读的时候声音要清楚和响亮；眼到就是指在阅读的时候眼睛要做到及时聚焦，认真仔细地阅读；手到就是指在阅读的时候要养成做笔记或摘要的习惯；脑到就是指在阅读的时候多问自己几个为什么，让大脑一直保持思考。

通常而言，如果你阅读的目的在于分析和解决问题，那么就可以对自己需要的材料展开精读，而其他与自己无关紧要或者与自己并没有多大联系的资料，就不需要精读了，这样还可以减少时间和精力的浪费。

而且，在全脑阅读的过程中，为了能在最短的时间内加强效率和效果，增强驾驭知识的能力，就一定要学会把握详略。如果你在阅读的时候总是想要做到面面俱到，不论什么都不舍得放弃，没有选择和侧重的话，那么就会给自己造成极大的浪费。此时，你可以采用略读的方法。

扫描阅读的方法也是全脑阅读的一种，这种阅读方式也能大幅提高人们的阅读速度。使用这种阅读方法进行泛读、略读或精读，其速度更是能快于常人。

扫描阅读并非指人们走马观花地阅读一遍就可以了，这种阅读方法不仅要求速度,而且更加要求质量。那么,扫描阅读法具体该怎样进行呢?

（1）反应速度要快。这就要求我们在进行扫面阅读之前要集中自己的注意力，提高反应速度，让眼睛和大脑的反应都能灵敏自如，且彼此之间的配合达到协调一致。

（2）在阅读的时候要遵循视读原则。阅读的时候可以采用默读的方式，这样能使人们的注意力停留在重要内容上面，而对那些不重要的内容直接略读就可以了。

（3）要遵循逐步升级的原则。最开始进行扫面阅读训练的时候切

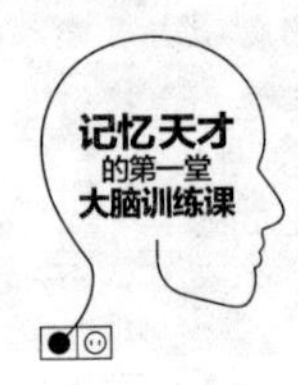

记不可急功近利，一定要由慢到快循序渐进。

（4）要对掌握简单的语法。在阅读的时候，你应该对连接词、副词等尽量熟悉，这样在阅读的时候，对这些没有必要的修饰性的词语可以直接跳过，留着精力去捕捉关键的信息。

（5）要注意积累。这要求我们要在日常生活中做足功夫，这样我们的阅读才会进行得更顺利。

总之，不论我们选择什么样的阅读方式，都应该以自己的知识体系为基础，将我们的阅读方式建立在知识体系智商。全脑阅读法只有建立在这个基础上，才能进行得更加顺利和有效，才能让我们的阅读变得更快捷、更有效、更实用。

脑力训练：张老师的生日

小明和小强都是张老师的学生，张老师的生日是M月N日，2人都知道张老师的生日是下列10组中的一天，张老师把M值告诉了小明，把N值告诉了小强。

3月4日　　3月5日　　3月8日

6月4日　　6月7日

9月1日　　9月5日

12月1日　　12月2日　　12月8日

小明说：“如果我不知道的话，小强肯定也不知道。”

小强说：“本来我也不知道，但是现在我知道了。”

小明说：“哦，那我也知道了。”

请根据以上对话推断出张老师的生日是哪一天。

张老师的生日是9月1日。

1．小明说：“如果我不知道的话，小强肯定也不知道。”

这句话的潜台词实际上是：“我应该猜对了，如果我猜错的话，小强肯定不知道。”但小明不确定自己究竟猜对没，需要小强来验证。M取什么值能让小明这么说呢？显然6和12不可取，如果M为6或12，N就有可能是2或7——小强凭2或7一个数字就能得知张老师的生日。则M只可能是3或9，而N只能在1、4、5、8中取值。

如果M是3，N可以取三种值，结果成了“如果小明不知道，小强有可能知道（2－4，3－8），也有可能不知道（3－5）。”，在这种情况下，小明说“如果我不知道的话，小强肯定也不知道”是不符合事实的，小明不足以如此自信的这样说。如果M是9，则小明就知道N只能是1或者5。此时，小明的猜测正是N=1，而N究竟是不是1，小明也不确信，如果N不是1而是5，则就出现了小明说的“如果我不知道的话，小强肯定也不知道”。至此，实际上小明已经知道了，结果只有两种情况，只等小强来确认N是不是5。

2．小强说：“本来我也不知道，但是现在我知道了。”

小强说“本来我也不知道”，验证了N确实不是2或者7；同时，小强也知道了“M不是6或12，M只剩下3和9可取”。若N是5，则小强应该说“本来我也不知道，现在我还是不知道”。根据第一节的推断，N=1，所以小强才能说“本来我也不知道，但是现在我知道了”。

3．小明说：“那我也知道了。”

小明就等着小强的一句话了，不管小强怎么回答，小明都会知道

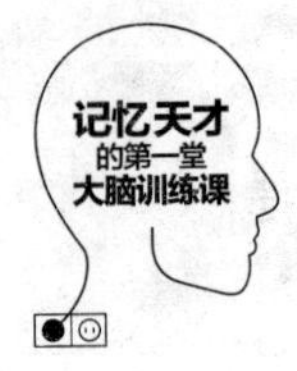

正确答案。如果小强说“我还是不知道”，那么小明依然可以知道“只有N=5会让小强茫然”，因此答案是9月5日；如果小强说“我知道了”，那么就必然是9月1日。

其实，自始至终，小明都是明白的，他只需要小强说句话验证他的猜测，对小明而言，这是个非A即B的选择题。因此，按照题目本身的发展线索，小明的第三句话是可以不用的，很多人推导的时候却用上了这个条件——那样就有点像做数学题了。

第四章　大脑是掌控我们情绪的主人

The brain is the master of the control of our emotions

- 我们的情绪是由大脑掌控的
- 前额叶是我们情绪的调控师
- 多巴胺是怎样让你感到兴奋的
- 大脑中有一个恐惧“开关”
- 怒火其实是由大脑点燃的
- 转换大脑的模式能使抗压能力变强
- 不是每种情绪都值得相信

我们的情绪是由大脑掌控的

情绪是一个复杂的心理和生理反应，它是人脑的高级功能，由大脑中的一个回路所控制，这个回路包括额皮层、杏仁核、海马、前部扣带回、腹侧纹状体等，它们对收集到的情绪信息进行整合加工，最后才会产生情绪行为，由此可见，情绪是由大脑的各个部分共同合作产生的。

人的情绪主要是由丘脑及其周围的神经结构形成的，而这一部系统被称为边缘系统。所谓边缘系统是指高等脊椎动物中枢神经系统中由古皮层、旧皮层演化成的大脑组织，以及和这些组织有密切联系的神经结构和核团的总称。现代脑科学研究发现，边缘系统能影响或产生情绪。

实验显示，将处于边缘系统地杏仁前核、海马、视交叉前区、穹窿、嗅结节以及各区破坏掉，被实验的猴、猫、狗等动物会出现不同程度的“假怒”或“愤怒行为”。也有研究证明，如果只是将扣带回损坏，而不伤及大脑新皮层，那么动物的情绪反应就会减弱，甚至变得不易出现。那么，此时动物就会出现一种“社会性的淡漠”或者“恐惧缺失”的症状，具体表现为在面对平常必须要躲避的有害刺激时，无动于衷。

当猫的杏仁核被切除之后，会出现性功能亢进、性反应增强等一些情绪反应。当猕猴的杏仁核被切除之后，可使其在群居生活中的行为由统治者变成从属者。也有临床研究表明，当边缘系统的损伤区域较为广泛的时候，患者就会变得易怒，脾气暴躁，而且经常会在社交场合表现出极为强烈的情绪反应。人的这一反应和动物实验所得出的结果很相近。

有研究人员曾认为，调节人“愤怒”情绪活动的主要神经结构位于下丘脑，于是他们将动物的丘脑切除，而保存了它们的下丘脑，结果他们发现，这些只保留了下丘脑的动物们出现了“情绪呆板”，而且变得极为易怒，它们表现出挣扎、露爪、竖毛、瞳孔扩张、怒叫等明显的情绪反应。研究还发现，在动物脑内埋藏电极并刺激下丘脑的不同部位，也可以使动物出现攻击、发怒的行为和逃避或状如恐惧的行为。同时，也有临床病理表明，患者的双侧下丘脑腹内侧核受到肿瘤侵犯之后，经常会出现攻击性行为。

研究者在进行研究时，曾在动物们的下丘脑以及边缘系统的其他部位埋下电极，并将控制刺激开关的开关安装在实验箱内，这样动物就能够自己操纵刺激开关，进行“自我刺激”。结果发现，动物的这种自我刺激频率有时候竟然在每小时 5000 次以上，如果人们不对它们

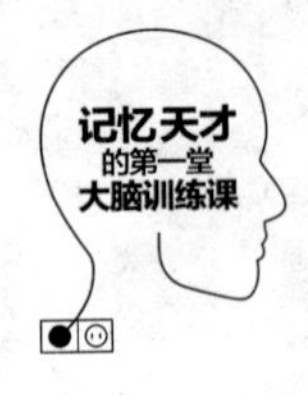

的自我刺激进行干预，它们可能会将该动作一直持续，直到出现衰竭。下丘脑后部也就是乳头体前区，是引起自我刺激最有效的区域，其次为中脑被盖部分、隔区、内侧前脑束等边缘系统部位。

虽然边缘系统中许多部位的活动都能影响或产生情绪反应，但由于很多情况下，各种情绪代表区在边缘系统内部有广泛的重叠范围，因此，就整个系统而言，想确定某种情绪反应活动的中枢代表区的严格位置是十分困难的。

有研究表示前额皮层和杏仁核是人们情绪中枢回路中两个最关键的成分，而且婴儿的情绪反应和情绪调节与成人有相当大的差异，不同的个体之间也存在着这样的差异。已有研究表明，前额皮层和杏仁核基线的不对称性激活的个体差异是情绪个体差异的生理基础。

在过去的时间里，戴维森和他的实验小组一直专注于考察前额皮层和其他前部皮层区在情绪反应性和调节中的激活不对称性。在考察研究的时候，他们根据测出的大脑电的活动数据，发现前额皮层的激活不对称性指标在一段时间内是稳定的，显示出极好的内部一致性信度。

此外还有研究发现，左前额激活的参加者比右前额激活的参加者的报告更多积极的感情和更少消极的感情，左侧前额激活的个体与右侧前额激活的个体相比，报告行为激活比抑制活动更多。左侧前额激活的个体对积极电影片断报告更多的积极感情，右侧前额激活的个体对消极电影片断报告更多的消极感情，而科学家们在使用功能磁共振成像技术研究发现，前额皮层区的激活差异能预测倾向性消极情绪。对消极图片的反应中，有更多右侧功能磁共振成像技术信号改变的个体报告的倾向性消极感情多。这一研究结果与大脑电活动测量是一致的。

研究还发现大脑前额叶左右不对称性的个体差异与心境和焦虑障碍有关，如抑郁的被试和控制组相比，左侧前额激活较少。当社交恐惧症者期待进行公开演讲时，右侧前额激活水平提高。

情绪调节是维持、加强或减弱情绪反应的过程。左侧前额激活的个体在一个消极刺激呈现后有更大的惊跳恢复潜能，表明左侧前额激活的个体比右侧激活的个体可能从消极感情或压力中恢复更快。杰克森等人研究发现，有更大基线水平左侧前额激活的个体能够更好地自愿压抑消极感情。当被试压抑消极情绪时，右上额回和右前扣带回激活。这些研究结果表明，前额激活的个体差异在情绪调节中可能起重要作用。

以上这些研究表明，前额激活不对称性电生理测量的个体差异是情绪反应性和情绪调节个体差异的生理基础。

此外，还有研究表明，情绪中枢回路是具有可塑性的。在对 65 名 3 岁的儿童进行了 8 年的追踪研究后，科学家们发现前额激活不对称性的大脑电测量是不稳定的。这就意味着 3 至 11 岁是人们情绪中枢回路的塑造时期，尤其是前额皮层，直至人们进入青春期它仍然可以经历着发展和变化。

脑力训练：并非腰缠万贯

安娜、伯妮、克劳迪娅三位都是十分杰出的女性，她们都各有一

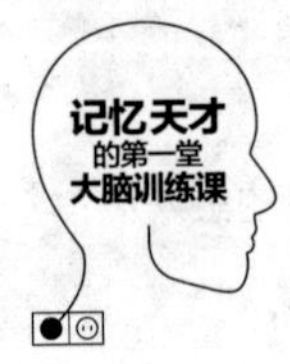

些令人瞩目的特点。

（1）这三个人当中，有两位非常聪明，有两位非常漂亮，有两位多才多艺，有两位腰缠万贯；

（2）每位女性最多只有三个令人瞩目的特点；

（3）对于安娜来说，如果她非常聪明，那么她也腰缠万贯。

（4）对于伯妮和克劳迪娅来说，如果她十分漂亮，那么她也多才多艺；

（5）对于安娜和克劳迪娅来说，如果她们腰缠万贯，那么她们也多才多艺。

那么，根据上面的表述，你能判断出是哪位女性并非是腰缠万贯的吗？

答案

克劳迪娅并非腰缠万贯。

根据（3）和（5），如果安娜非常聪明，那么她也多才多艺。根据（5），如果安娜十分富有，那么她也多才多艺。根据（1）和（2），如果安娜既不聪明也不富有，那么她也是多才多艺。因此，不论是哪一种情况，安娜总是多才多艺的。

而根据（4），如果克劳迪娅十分漂亮，那么她也多才多艺。根据（5），如果克劳迪娅十分富有，那么她也多才多艺。根据（1）和（2），如果克劳迪娅既不富有也不漂亮，那么她也是多才多艺。因此，不论是哪一种情况，克劳迪娅也都是多才多艺的。

于是，根据（1），伯妮并非多才多艺。再根据（4），伯妮并不漂亮。从而根据（1）和（2），伯妮应该是既聪明又富有的。再根据（1），安娜和克劳迪娅都十分漂亮。于是根据（2）和（3），安娜并不聪明。从而根据（1），克劳迪娅很聪明。最后根据（1）和（2），安娜应该很富有。因此，可以判断出克劳迪娅既漂亮又聪明，但是却并不富有。

前额叶是我们情绪的调控师

前额叶皮质是灵长类，尤其是人类才会拥有的，一个高度发展的脑区，它是大脑新皮质中发育最晚的一个脑区，而且在结构上，它也是最晚完全成熟的脑区。

如今，有很多的研究都已经发现了前额叶皮质在工作记忆和抑制中的作用，但是近年来学者们开始逐渐重视对情绪的认知神经研究，而且有很多来自生理学和心理学的证据都表明，额叶在人的情绪认知活动中占据重要的地位，它就像人们情绪的调控师，控制着我们的喜怒哀乐。

额叶眶部和腹内侧区也可以接收到部分体感和视听觉的信息，但是绝大部分的信息是来自于内脏感觉，杏仁核，以及旁海马的投射纤维。通过与扣带回，杏仁核以及旁海马等边缘系统的连接，前额叶的机能与情绪和记忆过程紧密地联系起来。

腹内侧和眶部前额叶与脑干和下丘脑内、外侧单胺类细胞群间存在双向的联系，对大脑中的这个压力中心产生影响，进而影响到广泛分布在前脑部分的胆碱和单胺类细胞，对躯体内自主神经活动进行调节。

正是通过与下丘脑、杏仁核、扣带回、海马以及脑干等负责情绪和相应情绪下生理状态的核团的联系，前额叶可以发挥调控作用，对个体的情绪认知过程产生重要的影响。

其实，关于前额叶和情绪的关系是人们在无意中发现的，而这其中的故事就要追溯到 19 世纪。

1848 年，一位名叫盖奇的患者的双额前额叶皮质遭到了损坏，不过幸好他的智力和记忆力却并没有出现任何问题。可是不久之后人们就发现了异样，人们发现盖奇的情绪和社会性行为发生了很大的变化，他开始变得目中无人，不论对谁都是傲慢无礼并且出言不逊，而且他变得越来越执拗和顽固、越来越任性，在遇到需要进行决断的事情就会犹豫不决。后来，医生们从盖奇身上发现了额叶与情绪、社会性行为之间的关系。

盖奇是额叶与情绪直接相关的典型病例。随后，医学家又针对其他额叶受到损害的病人进行研究，进一步证实了前额叶与情绪之间的关系。

除此之外，他们还发现了额叶内部的功能分离。当人的腹内侧额叶的前部损伤后，人们就无法预测当前的行为结果是积极的还是消极的，但是却可以正常的完成有关工作的积极的任务；当右侧前额叶的背外侧通路损伤后，人们可以预测当前行为的结果是积极的还是消极

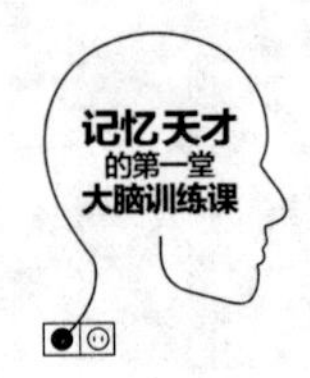

的，但是却无法完成有关工作记忆的任务。这就证明了额叶腹内侧区与情绪加工之间的关系。

而且研究还表明，患有强迫症、恐惧症和创伤后恐惧障碍的患者，他们在产生厌恶情绪的时候，会有一组被普遍激活的脑区，即右侧额下回和右侧眶回内侧。

在对患有威廉姆斯综合征的病人进行的功能性磁共振成像技术研究中，也发现了前额叶结构上的变化，具体表现为额叶内侧灰质的增加，这一变化也就解释了威廉姆斯综合征患者为什么会出现诸如易唤醒、焦虑、警觉、情绪性反应增强等临床症状。

所以，人们所患有的多数的情绪障碍，如精神分裂症、抑郁症、焦虑症等都被证明与额叶机能的失调有关。

那么，前额叶是怎样对我们的情绪加工过程进行调控的呢？

首先，通过扣带回调节通路。在解剖学上，额叶内侧与扣带回有着紧密的纤维联系。因此，额叶内侧——扣带回通路是调节人们情绪的主要途径之一。

当完成了与情绪认知相关的任务时，额叶内侧大多与前扣带回在同一时间被激活。而前扣带回又可以分为两个功能不同的部分，即背侧认知区和喙腹部情绪区。

尽管整个前扣带回与“执行”功能有着密切的关系，但是不同区域的侧重是不同的，背侧区域更加偏重与认知方面，在认知任务中与前额叶的关系紧密。而喙腹部情绪区则更为侧重于情绪性的信息，在情绪任务中与前额叶的关系更紧密。

然而，有些研究者认为额叶内侧更多地反映了其对情绪信息的意识体验和情绪判断，而前扣带回更多的是反应情绪任务中的认知成分，而且前扣带回的情绪区和额叶内侧通过这样的方式进行相互之间的协调，并且会通过各自与皮下边缘结构的丰富连接为情绪和认知加工提供了可能的转换和连接带。

其次，通过杏仁核调节通路。额叶与杏仁核之间的双相连接是额叶调节情绪的另一通路。额叶内侧和眶额将大量的投射纤维发送到杏仁核。

额叶是我们情绪性工作记忆的核心，它能保存当前有关情绪状态和情绪指向目标的信息，也能通过调节性杏仁核这个情绪加工的皮下合团的中心来完成七对情绪认知任务的调控。

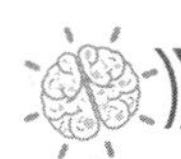

脑力训练：左邻右舍

奥斯汀、布朗和卡尔文住在同一栋公寓的同一层上。他们其中一人的房间居中，与其他两人为邻居。

（1）这三个人每人都养了一种宠物，不是猫就是狗；每人都只喝一种饮料，不是咖啡就是茶；每人都只采用一种抽烟方式，不是烟斗就是雪茄；

（2）奥斯汀住在抽雪茄者的隔壁；

（3）布朗住在养狗者的隔壁；

（4）卡尔文住在喝茶者的隔壁；

（5）抽烟斗的从来不喝茶；

（6）至少有一个养猫者抽烟斗；

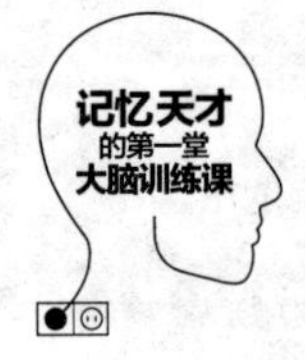

（7）至少有一个喝咖啡者住在一个养狗者的隔壁；

（8）他们任意两个人的相同兴趣都不会超过一种。

请问，谁住在中间的房间？

答案

卡尔文住在中间的房间。

根据（1），我们可以得出每个人的三个兴趣组合一定是下列组合之一：

A. 咖啡，狗，雪茄；

B. 咖啡，猫，烟斗；

C. 茶，狗，烟斗；

D. 茶，猫，雪茄；

E. 咖啡，狗，烟斗；

F. 咖啡，猫，雪茄；

G. 茶，狗，雪茄；

H. 茶，猫，烟斗。

根据（5），可以排除C和H。于是，根据（6），B肯定是某一人的兴趣组合。接下来，根据（8）的条件，E和F可以排除。在根据（8）的条件，D和G不可能分别是某两个人的兴趣组合；因此，A必定是三人中一人的兴趣组合。然后根据（8），可以排除G。于是，剩下来的D必定是三人中一人的兴趣组合。

根据（2）、（3）和（4），住在中间房间的人要符合下列情况之一：

抽烟斗又养狗；

抽烟斗又喝茶；

养狗又喝茶。

既然这三人的兴趣组合分别是A、B、D，那么住在中间房间的兴趣组合必定是A或D。再根据（7）的条件，可以排除D。因此，根据（4），可以推断出卡尔文住在中间的房间。

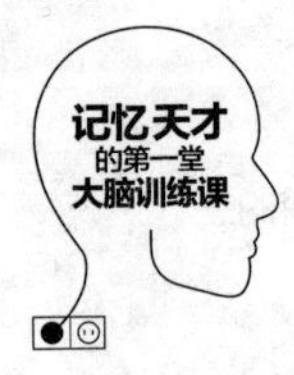

多巴胺是怎样让你感到兴奋的

当你绞尽脑汁终于解出了困扰你多日的难题时，那种畅快淋漓的感觉你肯定永远都不会忘记；当人们尤其是女性心情不好的时候，喜欢去商场里 shopping，当你拎着大包小包走在回家路上的时候，坏情绪仿佛一扫而光，取而代之的是无比畅快的感觉；当你偶遇初恋情人的时候，尽管内心心潮澎湃，但是却再也找不回当时的激情和甜蜜的感觉了；在一次美好的聚餐后、在一次愉快的旅行后、在一次浪漫的约会后，我们的心情总是久久不能平静……我们的情绪之所以会多变，之所以会有思想、有感情，会对一些事物近乎狂热的追求，全都是大脑内的多巴胺在作怪。

人脑中有数千亿个神经细胞，脑部信息在这些神经细胞之间相互传递，于是人们就会生出七情六欲，人们的四肢和躯体才能够灵活运动。可是，神经细胞之间并不是相互连接的，它们之间存有间隙，如果要传递信息就必须要越过这个间隙。因此，神经细胞会生出一些“突触”，当信息游走到这里的时候，它就会释放出能够跨越神经细胞间隙的化学物质，把信息传递过去，这种化学物质被称为“神经递质”。人的性格和行为，比如快乐、抑郁，攻击、进食和性等都是由神经递质来传递和掌控的，而多巴胺就属于其中的一种。

多巴胺是一种神奇的物质，它是人们行为的催化剂，会直接影响人的情绪。多巴胺在大脑中部的神经元细胞体内合成，它的工作是把亢奋和欢愉的信息传递出去。

从理论上讲，多巴胺的浓度越高，人就会越兴奋，但是如果多巴胺的浓度过高的话，则会使人上瘾。多巴胺在前脑和基底神经节出现，基底神经节负责处理人们的恐惧情绪，但是由于多巴胺的缘故，恐惧感被快感取代，因此很多人都会出现上瘾的行为。香烟之所以会让很多人欲罢不能，是因为其中含有一种名为尼古丁的成分，尼古丁能够刺激人脑的神经元分泌大量的多巴胺，进而使人感到快感。同理，酒鬼离不开酒，伪君子对毒品依赖，也是因为受到了多巴胺的控制。

此外，多巴胺还能够激发人们对异性的感情。丘脑是人的“爱情中心”，而多巴胺就像是“丘比特之箭”，当多巴胺等神经递质大量分泌的时候，人们就会对异性生出“爱”的感觉。

热恋之后的单身男女很难再找到曾有的激情，这也是多巴胺在作祟。加利福尼亚大学的学者针对田鼠“一夫一妻制”的行为进行了研究，他们通过研究田鼠的大脑和行为，分析它们爱情产生与消亡的过程。当将这两者结合在一起之后，学者们发现，当雄田鼠与雌田鼠交配之后，雄田鼠就会一生忠于雌田鼠，此时雄田鼠的大脑中会释放出大量的多巴胺。布兰登·阿拉戈纳在进一步研究后发现，这种多巴胺会改变田鼠大脑某一区域上的“沟渠”，这个区域为许多动物所拥有，包括人类。当已经有伴侣或曾有过伴侣的雄田鼠结识新异性时，它大脑里的这个区域就会发生剧烈变化，尽管这个时候雄田鼠大脑也会产生多巴胺，但是此时，多巴胺会被已经改变的“沟渠”导向另一个神经元，导致雄田鼠无法对新异性燃起曾有的激情，遂变得冷淡起来。

阿拉戈纳认为，虽然田鼠的爱情生活和人类的不一样，但是作用原理是共通的。也就是说，人类总是旧情难忘，实际上是多巴胺作用的结果。

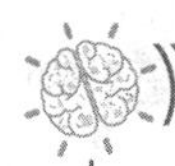

脑力训练：多少钱

小明和小红结伴到新华书店买书，两个人都看好了一本书。小明想买一本，但带的钱不够，差一分钱。小红也想买一本，带的钱也不够，差 4.99 元。两个人打算合伙买一本，将钱凑到一起还是不够。问：小明和小红各带了多少钱？这本书的标价是多少？

答案

小明带了 4.98 元，小红没有带钱。书的标价是 4.99 元。

假设小明有X元，小红有Y元，书的标价为Z元（X、Y、Z均不为负数），那么根据题目条件可以列出如下方程：

$X+0.01=Z$

$Y+4.99=Z$

$X+Y<Z$

解得，$X=4.98$，$Y=0$，$Z=4.99$。

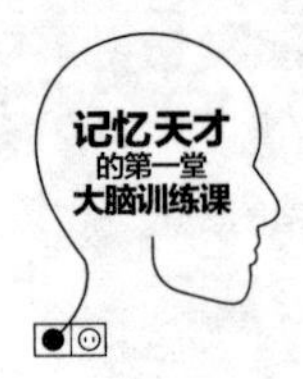

大脑中有一个恐惧“开关”

位于人脑底部的杏仁核的脑结构是专门管理人们恐惧和不信任感的区域，其被称为大脑中的恐惧中枢。每次，只要我们感到刺激逼近，这个区域便会迅速活跃起来，而且我们根本没有办法将其制止住。

有研究显示，杏仁核对于帮助人们识别恐惧有着十分重要的作用，除此之外，科学家还发现了相关证据证明杏仁核能帮助人们识别各种心理状态。我们大脑中的恐惧终端之一的杏仁体会在 12 毫秒内对不安的刺激做出回应，这个速度是我们眨眼速度 25 倍。

我们的恐惧是在一种无意识的状态中产生的，人们的恐惧反应有两条传递的路径：低路径和高路径。低路径传输信息的速度十分迅速，但是却十分杂乱，高路径传递信息速度较长，但是传送的信息相对于低路径来说更多、更准确。例如你的房门突然打开，门撞到门框上，此时你的大脑会将这一感观数据发送到你的丘脑上，不过此时丘脑并不知道接收到的这个信号是代表着危险还是安全，由于它可能是危险的信号，所以丘脑会把这一信息发送给杏仁体，当杏仁体收到信号之后，会通知视丘下部做出应对反应。如果这件事情被证明是危险的，那么这一反应能够救你一命。

而低路径则带有相对较多的“本能”色彩。同样以房门突然打开举例，此时，你会本能地认为有小偷闯入了自己的房间，或者是风把房门吹开了。而高路径相对于低路径来说会显得更加理性，它的考虑会更加周全：撞开门的究竟是危险还是风？

我们的眼睛和耳朵将门的声音和运动发送到丘脑，而丘脑会将接收到的信息发送到感觉皮层，并且在那里对其进行“破译”。感觉皮层在破译信息的时候认为这些接收到的数据可能有不止一种的解读方式，于是它会将几个可能的选项都发送到海马体，海马体在接收到这些信息之后会提出这样的问题：“我以前有没有经历过这种特别的刺激？如果经历过，那么在当时它意味着什么？还有没有其他线索帮我确定，撞开门的是危险还是风？”

此时，海马体会根据高路径传递过来的其他的信息比如室外的其他声音进行综合分析，从而判断出门究竟是怎样被打开的。最后它会向杏仁体发出是否接收信息的信息，杏仁体会根据接收到的信息在告诉视丘下部究竟采用“迎战还是安静”的反应。

外界的刺激信息会同时沿着低路径和高路径传递，但是高路径话费的时间要比低路径要长，因此即便外界的刺激信息是安全的，人们也总是会先产生恐惧情绪，然后才能逐渐平静下来。

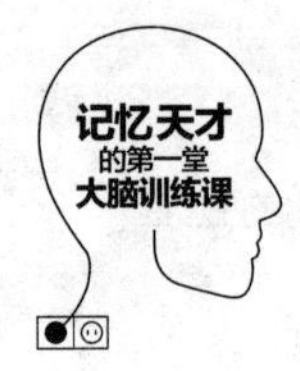

为了产生“迎战还是逃避”的反应，视丘下部会激活交感神经系统和肾上腺皮层系统，利用神经路径和血液流动引发身体的反应：身体各部运行速度加快，高度紧张，心跳加速，血压上升，释放出大约30种不同的激素，使身体做好应对威胁的准备。

身体做出这些反应，目的只有一个：帮你做出或迎战或安静的决定，从而摆脱危险。

神经影像学研究表明，即便我们的大脑正在考虑一些事情，并没有注意到危险靠近的情况下，杏仁体仍然在时刻警惕着危险的来临。比如，一个带有情绪性表情的照片在屏幕上短暂的闪现，但是立刻就被一幅无表情的面部照片替代，此时你会认为自己看到的仅仅是一张面面无表情的脸。不过杏仁体会觉察到我们忽略的那张照片，因为当那张带有情绪表情的照片出现的时候杏仁体变得活跃起来，但是在第二张照片出现之后就立刻恢复了正常。

尽管在生活中我们都很排斥消极情绪，但是不可否认消极情绪对人体还是有一定好处的。试想一下，如果我们不再产生恐惧、后悔之类的情绪，那么我们就不会想要考虑如何避免将来可能出现的危险。

而且，恐惧也可以成为我们行动的动力来源，比如，“那个新来的老师很严厉，我以后上课要专心听讲了”或者“那个上司很严厉，我得赶紧把工作做完”。这样想着，恐惧就会成为我们行动的动力来源，能够督促我们不断地前进。可是，如果我们的恐惧情绪失控，消极的情绪就会成为动机，那么我们前进的动力源消就会消失，行动也会随之终止。

不过，美国研究人员表明，我们的恐惧其实是可以控制的，因为他们在人脑中发现了一个恐惧“开关”，正是这个“开关”控制着人们的恐惧情绪反应。

美国哥伦比亚大学医学中心的研究小组使用了一种简单的注意力测试法以及一种名为功能性核磁共振造影的实时大脑扫描技术，结果显示，大脑回扣带皮质的某一区域参与并控制了杏仁核结构对于人类恐惧反应的“开关”。之前我们也提到过，杏仁核掌握着我们的情感记忆，我们对于事物的喜好、恐惧等记忆都是储存在杏仁核之中的。所以，这里也是恐惧情绪反映进行的地方。

负责此次研究的乔伊·希瑞斯奇医生说：“如今，我们每天都暴露在不断增多的外界刺激之中，所以，我们意识到大脑中肯定有某种处理机制来区分、提炼人们的各种反应——我们对每一个大的声响、每一个意想不到的发现都会做出反应，正是由于人脑中存在着某种处理机制。”

他们在进行测试的时候采取了一种奇怪的测试方法，以此来刺激大脑中参与反应的任一区域。这种奇怪的测试要求被测试者在词意和辞色之间做出选择，以此来测试神经的灵活性。在测试中，你会被要求念一组类似“红”、“白”、“黑”之类的词语，但是每个单词书写出来的颜色和它所代表的颜色不同，例如“白”用黄色的墨水来写，“红”用紫色的墨水来写。测试结果显示，人们在阅读的时候，如果单词的词意和辞色不相同，那么被测试者的反应就会稍显迟钝，但是，如果某个单词的词意和词色恰好匹配，那么被测试者的反应就会变得十分迅速。

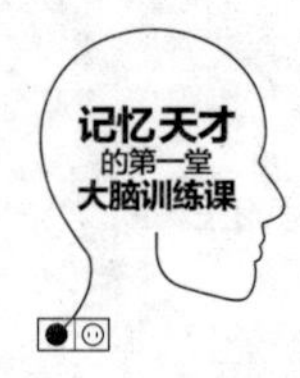

希瑞斯奇的研究小组采用了这种测试方法，他们印了一组表情各异的照片，其中有恐惧、有害怕、有快乐还有幸福。然后他们在这些照片上写上不同的情绪。他们对 19 名志愿者进行了测试，并且同时扫描他们的大脑区域。随后他们发现，在杏仁核结构尚未被刺激之前，大脑回扣带皮质就已经开始兴奋起来了。比如说，如果“恐惧”这个单词写在一张印有微笑表情的照片上，杏仁核结构会首先活动起来，很显然是在这个微笑的面孔映入眼帘时回扣带皮质区域就已经开始变得兴奋，而且在杏仁核结构逐渐趋于平静之后，回扣带皮质区域仍然处于活动之中。如果“恐惧”这个单词对应的照片恰好是畏惧的表情，那么杏仁核的活动时间会持续得久一些，相应地，回扣带皮质区域处于相对静止状态的时间就会更久一些。希瑞斯奇表示，控制人们畏惧情绪反应的大脑活动线路十分重要。

而美国的心理学和神经学副教授伊丽莎白·菲尔普斯及其小组成员经过研究后发现，杏仁体在恐惧认知和消除过程中起到了关键的作用，而腹内侧额叶皮质层则对维持恐惧的消除过程有重要的作用。研究人员曾在实验室中模拟了恐惧的认知和消除程序，他们首先给志愿者呈现两种不同颜色的信号，并且当其中的一种信号出现时会伴有适度的电击。在经过反复电击之后，当带有电击的颜色信号再次出现时，志愿者们就会出现恐惧感。随后，实验者在呈现颜色信号的时候逐渐降低电击的强度，直至完全停止电击。此时，志愿者对于颜色信号的恐惧认知被消除掉。

同时研究人员使用功能性磁共振技术对志愿者的大脑进行了扫描，

结果发现，杏仁体在恐惧早期认知过程中起着十分重要的作用。不得不说这是一项重要的发现。因为，只有了解了消除恐惧的机制，才能认为的干预这个过程。

恐惧的消退是指随着环境的变化，通过学习来抑制之前的习得性恐惧的调节能力。这一过程包括重复暴露于条件刺激而不给予非条件刺激，重复暴露于条件刺激引发恐惧反应的能力会逐渐降低。其实，恐惧的消退并不等于是遗忘，而是代表新的学习，即重复暴露于条件刺激不再容易地预知不给予非条件刺激的出现。目前，脑科学家们几乎一致认为，恐惧消退的神经生物学机制包括内侧前额叶皮质对杏仁体恐惧反应的抑制性控制，海马体协助内侧前额叶皮质调节杏仁体的功能。

总之，恐惧是一种植根于人们的大脑深处的复杂情绪，尽管我们都很排斥恐惧情绪，但是不可否认的是，适当的恐惧能够帮助我们趋利避害，进而保护自己免于遭受伤害。可是，如果是对常人并不感到害怕的事物感到恐惧，或者恐惧体验的强度和持续时间远远超出了正常范围，那么就会给我们带来困扰，严重时会出现恐惧症，这会给人们的工作和生活带来极大的影响。所以，找到大脑认知恐惧和消除恐惧的机制，适当地使用大脑中的恐惧“开关”，能让我们更好地生活。

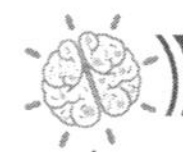

脑力训练：海边案件

这是发生在海边的案件。

一天早晨，张某的妻子还未起床，就听见一阵急促的敲门声，门

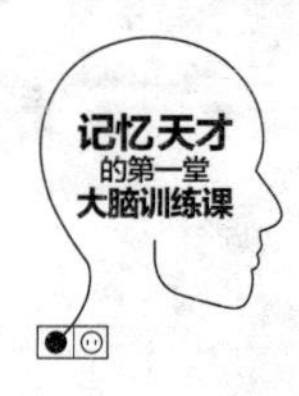

外有人喊：“大嫂大嫂，大哥在家吗？”张某的妻子听到喊声，开门一看，是准备同丈夫合伙外出做生意的李某。忙答道：“他昨天晚上就没回来。”然后急忙向附近的派出所报了案。经调查，张某已被人杀害。派出所人员详细询问了事情的经过后，立即将嫌疑人逮捕。开始嫌疑人还极力否认，但最后不得不低头认罪。

你知道谁是杀人凶手吗？派出所人员又根据什么来认定嫌疑人呢？

答案

凶手是李某。

从李某在敲门时喊的话可以肯定，他要找的人是张某，而不是张某的妻子。既然如此，他在一开始敲门的时候就应该喊张某的名字或大哥，而不应该喊“大嫂”，这就说明李某早就已经知道张某不在家，但是他却又问张某的妻子“大哥在吗”，这显然是自相矛盾的。所以断定，李某就是杀人凶手。

怒火其实是由大脑点燃的

愤怒是我们日常生活中再常见不过的情绪了，每个人都会有愤怒，只不过大家的表现形式不尽相同罢了。有些人很容易就会被激怒，脾气就像鞭炮一样，一点就能着；而有的人则永远都是一副受气小媳妇的样子，但这不代表他们不会生气，通常他们都会将自己的愤怒压在心底；还有些人从别人那里受了气，然后跑到别处去发泄；还有些人明明是自己的错误在先，但是却先发制人，先冲别人发一顿火，把责任转嫁到他人身上……总而言之，对于愤怒的情绪，每个人都有不同的处理方法，只不过有些人能很好地处理愤怒的情绪，而另一些人则对它束手无策，只能任由愤怒的情绪摆布。

我们的愤怒情绪其实也是由大脑控制的，而且与杏仁核有着密切的关系。当杏仁核感受到人体中的血液酸性超标的时候，就会引起人们的愤怒情绪。这是因为血液酸性超标往往就意味着二氧化碳过剩，

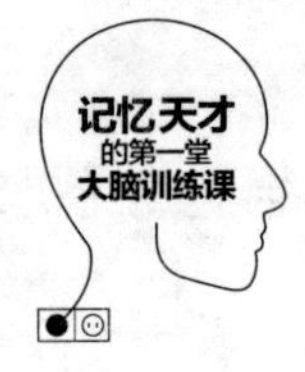

这种情况常常发生在我们十分紧张并且屏住呼吸的情况下。理想的情况下，酸性干预系统只会提醒我们对愤怒做一次深呼吸，但是杏仁核却没有办法分别其中的差别，它只知道我们遭受到了来自外界的威胁，进而刺激其他系统做出应对反应。通常而言，愤怒和恐惧的发生机制十分相似，都收集因为接收到外界信息，然后将其反馈到杏仁核，并做出相应的判断和反应。

人们在愤怒情绪的调动下，会自动进入一种战争状态。肾上腺分泌出皮质醇、肾上腺素和其他紧张型的荷尔蒙。同时会使心跳加快，血压升高，呼吸短促而且浅，肌肉紧张，大脑时刻处于高度警觉状态。

当人们愤怒到极致的时候，常常会被形容为“愤怒得失去了理智”，其实，这并不是我们的大脑失去了理智，而是大脑中负责我们理智的区域缺乏一种名叫血清素的信号物质的帮助，因此我们难以控制与愤怒相关的大脑部位的活动。

英国剑桥大学研究人员对这种现象进行了解释，神经细胞之间是通过血清素来实现信息的传递的，而人体通常会通过食物中的色氨酸来合成血清素。研究人员让一些志愿者在不同的日子里分别进食富含或缺少色氨酸的事物，随后用一些图片来刺激他们大脑中的愤怒情绪，并且使用磁共振成像技术来观察他们大脑内部的反应。

结果显示，在人体缺少色氨酸并因此导致血清素含量较低时人更容易被激怒，而且大脑的愤怒反应更难被抑制。在对大脑活动的观察中发现，在血清素含量较低的时候，大脑中额叶部位和杏仁核部位之间的信号联系就会减少。杏仁核与愤怒的情绪相关，而额叶部位发出的信号可以帮助大脑控制愤怒。因此，在缺少血清素这一传递媒介的时候，额叶的“理智”就很难控制并消除杏仁核的“愤怒”。

所以，要想能很好地控制我们的愤怒的情绪，就要设法增加血清素的含量。

脑力训练：天使、魔鬼和常人

有三个美丽的姐妹，她们分别是“天使”、“魔鬼”和“常人”。天使总是说真话，魔鬼总是说假话，而常人则有时说真话有时说假话。

黑发美女说：“我不是天使。”

茶发美女说：“我不是常人。”

金发美女说：“我不是魔鬼。”

你能判断出她们的身份吗？

答案

黑发美女是常人，茶发美女是天使，金发美女是魔鬼。

首先，黑发美女一定不会是天使，因为天使只说真话，如果她是天使的话，那么她就不能说自己“不是天使”。并且，黑发美女也一定不会是魔鬼，因为魔鬼只说假话，这样一来，她说的“我不是天使”就变成了真话。所以，黑发美女只能是常人。

其次，茶发美女不可能是常人，因为前面已经确定了黑发美女才是常人。而且，她也不可能是魔鬼，否则她说“我不是常人”就是真话，

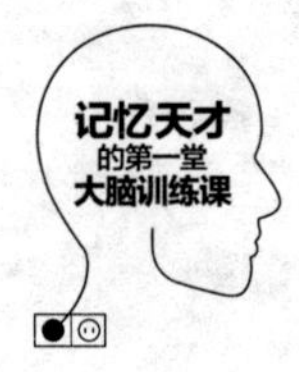

而魔鬼是从来不会说真话的。所以，由此可以断定，茶发美女是天使。

既然常人和天使都已经确定了，那么剩下的金发美女就只能是魔鬼了。

转换大脑的模式能使抗压能力变强

不同人的抗压能力是不同的，面对同样的压力，有些人或许会感到十分压抑，想要逃避，而有些人则很享受处在压力之中的状态。在现实生活中，因为无法承受巨大的压力而选择结束自己生命的事件也时有发生。那些抗压能力较弱的人，在很大一部分情况下，是因为他们不能很好地进行大脑模式的转换。

我们经常会听到这样的说法，就是我们只使用了大脑能力的10%，尽管如此我们对日常生活工作的事情都已经能够应付自如了，但是你有没有想过，我们的大脑模式究竟被合理利用了多少？很多人甚至连10%都没有达到。

我们在这里提到的大脑模式是指集中模式、放松模式以及真心模式。

我们在工作或与他人开心聊天的时候，大脑的模式是不一样的。当大脑分别执行两种模式的时候，你看起来完全不像是同一个人。这两种

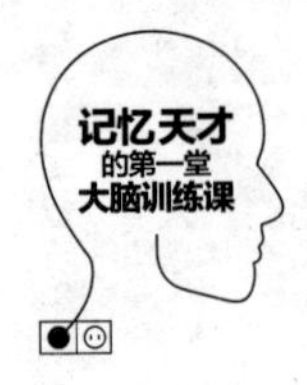

不同的模式都是大脑为了应对不同的状况而准备的模式。

你肯定见到过这样的情况，当一个外国人用汉语向一个中国人搭话的时候，你就会发现，明明汉语说得很好的中国人在说话的时候会带有对方说汉语时的味道。此时，旁边的人见此情景都会觉得好笑。

其实，之所以会出现这样的现象，是因为人们的大脑在勇敢地应对“我英语说得不好，会不会有什么问题”的不安，以及“为了能让对方听明白我的意思，我必须要好好说”这两种紧急且有压力的情况下而产生的一种状态。

如果上面的这种状态你没有经历过，那么接下来的这种状态你肯定经历过。当你被一个你并不是很喜欢的异性表白之后，尽管你会感觉很开心，但你也会因此而感到烦躁不安，尤其是当你在拒绝对方后对方依然对你死缠烂打的时候。可是，如果有一天，那个整天打扰你的人不再来烦你，或者他又有了别的喜欢的人的时候，你的大脑就会呈现出这样一种模式：你会感到安心，但是同时又会有点失望，甚至还会觉得这样很不像话。

其实，在我们的大脑里藏着很多这样的模式，而且这些模式对我们来说是不可或缺的，正是因为有了它们，我们的工作生活才能得以顺利地进行。

人类在成长的过程中必须要面对各种各样的环境和突发状况，还需要克服各种各样的困难。为了能更好地适应这些多样的环境和状况，于是大脑就形成了不同的模式，以便我们在遇到突发状况的时候能灵活处理，减轻压力。

这种潜能是我们每个人都拥有的。但是，随着现代科技的发展，我们的生活变得越来越方便、越来越舒适，很多大脑模式也很难再被使用，不过这并不影响我们的生活。可是，这种现象直接导致了我们的大脑模式的种类变得越来越少，相对地对抗各种压力的能力也会变得越来越弱。虽说如此，但是这并不代表我们的大脑就失去了应对各种状况的能力。尽管我们很少经历被国际友人搭话的经历，但只要我们遇到，前面提到的大脑模式也依然会自动开启。

我们大脑模式的转换是以前额叶的眼窝部前额叶皮质为中心进行的。可是，我们并不能像是切断电源开关一样来自由地切换大脑的模式，这是因为，大脑的模式是我们在无意识的状态下由前额叶切换的。所以，要想转大脑模式，增强我们的抗压能力，就不需要学会操控无意识。

那么，无意识应该怎样来操控呢？

答案其实很简单，通过活动身体就能操控我们的无意识。这是因为我们的大脑内主管身体运动的回路和控制无意识的回路是相连的。日常生活中最常见的运动，比如开门、行走、拿起杯子、张嘴、和水等动作都是在无意识的状态下完成的。所以，要想控制无意识，活动身体是最好的办法。

当你在工作中遇到困难或不得不将它带回家里进行处理的时候，在压力的压迫下，你会很难与家人相处，这是因为你一直都保持着工作的模式，很难进入放松的状态。于是，家人就会开始抱怨。此时，

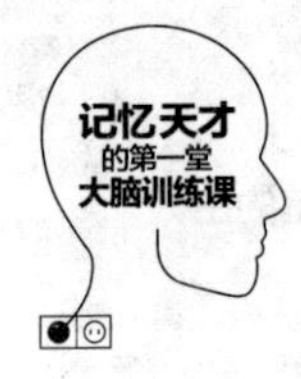

不妨试着转换一下大脑的模式。洗个澡或者与宠物玩一会儿，只要是你觉得是自己平时在家时保持的放松状态就可以，这样能让你的工作模式转变成放松模式，压力也会在模式的转换中变得不再那么让人无法接受。

人脑其实是很灵敏的器官，它能敏感地察觉到自己的身体处于什么样的状态，所以，要想转换大脑模式，增强自身的抗压能力，通过活动身体给大脑发送信号是最简单有效的方法。

脑力训练：五人的成绩

有A、B、C、D、E五人是同班同学，最近他们刚刚参加完五门科目的考试。老师阅完考卷以后，得出了如下结果（每门科目的最高成绩为5分，最低为1分）：

（1）五人的总分各不相同，而且在同一门科目中，也没有分数相同的人。不过，不论是谁，都有一门科目的成绩是五个人当中最好的。

（2）如果按照总得分数进行名词排列的话，A为第一名，往后依次为B、C、E、D。

（3）A的总分为18分，B的总分比A少2分。

（4）A的历史成绩最好，而B的语文成绩最好，但是B的地理和英语均排在第三名。

（5）C的地理成绩最好，数学成绩第二，历史成绩第三。

（6）D的数学成绩最好，英语成绩第二。

关于E的成绩，老师只字未提。那么，五个人的各个科目成绩分别是多少？总分是多少？

根据题目中提供的信息，可以列表如下：

	历史	语文	地理	英语	数学	总分
A	5	4	4	2	3	18
B	4	5	3	3	1	16
C	3	2	5	1	4	15
D	1	1	1	4	5	12
E	2	3	2	5	2	14

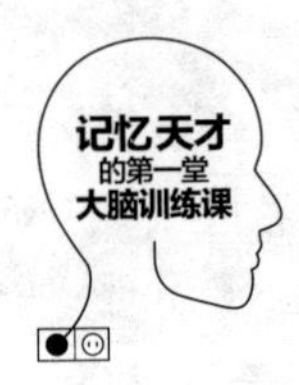

不是每种情绪都值得相信

情绪和观念就像一对形影不离的好朋友，不论走到哪里，两者永远都是相依相伴的，观念会影响我们的情绪，而情绪也会反过来影响我们的观念。

观念是一件十分微妙的事，它会通过我们大脑的模块系统渗透进我们的意识当中，所以它并不总值得信任的。

而情绪的作用之一就是通过强化和维持最初改变观念的情绪，来进一步改变我们的整个观念。而背景环境也对大脑提供的信息有巨大的影响力。

比如，你如果在一个并不是十分熟悉的环境中遇到某人，那么或许很难想起之前你们是否见过，更不用说知道对方是谁了。

或许你们之前是在一家餐馆里面见过，但这次是在车站偶遇，就很难想起来对方是谁。

维奥丽卡·玛莉安和玛格丽塔·喀珊斯坎亚曾经设计过一个实验来证明背景环境的作用。她们召集了一批会讲英语和汉语的志愿者，随后她们分别用这两种不同的语言向志愿者提问。其中，她们要求志愿者描述出一个高举着一只手站在远处的人。

当这个问题是用汉语来问的时候，志愿者们描述出的人物倾向于政治领袖；而当这个问题用英语来提问的时候，志愿者们描述出的人物更倾向于自由女神像。

于是她们发现，当志愿者最初了解到的信息和听到的题目属于同一种语言的时候，那么志愿者们就能更轻易地回忆起与之相关的信息。

这个发现表明，我们所接收到的信息，都是人脑是根据相关性和联系来为我们过滤和筛选的。而且，理智接收到的信息也被形象注意力和记忆力的大脑模块处理过了。

不幸的是，大脑所提供的信息未必就是准确的，我们叫不出甚至认不出在别处与我们偶遇的人，此时如果大脑能给提供给我们对方的名字或我们与对方的关系的话，是最好的不过的，但是大脑却未必能做到这一点。

此外，施密德与马斯特在 2010 年时发现了这样一个现象：当人们处在负面情绪中的时候，更容易注意到拥有相同情绪的人，而且他们也比平常人更难注意到他人快乐的表情。

相反，处于正面情绪中的人比他人更难注意到别人低落的表情。这也就是说，当我们与他人处在不同的情绪状态中的时候，我们是很难注意到对方的情绪的。这是一种让某种情绪持续下去的感知扭曲。

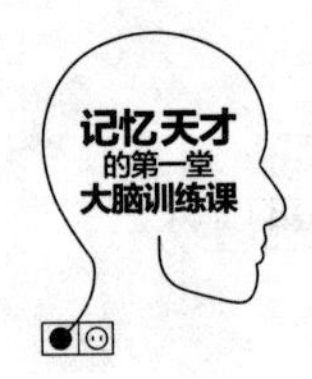

而且，他们还发现了一种情绪持续效应：我们更容易吸收到与自己当前情绪一直的信息。当我们难过的时候，就会更容易吸收到令人难过的信息，因此我们就更容易回忆起令人难过的事情。

另外，当我们处于与吸收信息是相同的情绪状态中时，我们就更容易回忆起相关的信息。

比如，当你难过的时候就更容易回忆起痛苦的往事，而在生气的时候就更容易回忆起曾经与人吵架的事，或者更容易注意到别人的缺陷。而这种基于情语的处理问题的方式，只能是自身的情绪不断强化并且延续下去。

亚娜·阿芙拉莫娃和她的小组发现，情绪乐观的人的眼界会变得更加开阔，因为他们常常会把注意力集中在视野范围之内的事物的整体特征上，同时思想也会变得更加开放。而情绪悲观的人的眼界则比较狭隘，他们常常会把注意力放在事物局部的特征上面，思维更加细腻，也更加善于分析问题。

看到这里，你是否是认为乐观情绪的视角就一定优于悲观情绪？其实事实不见得如此。

负面情绪或许是为了提示我们周围有危险才存在的，它的视觉风格具有选择性和警惕性。而积极的情绪能拓宽我们的视野，它是大脑向我们发出的安全信号，这样一来我们就可以放松下来，好好享受眼前的时光。

情绪会影响我们对信息的感受能力，瑞恩·齐格勒 2010 年的研究发现，一个人的心情如果太好或者太坏，都无法全面地吸收信息，而且还比情绪平静的人更容易上当受骗。

此外，齐格勒特别提出，如果我们接收到的信息使人产生的情绪和我们当前的情绪不一致，我们大脑就会怀疑信息的真实性。

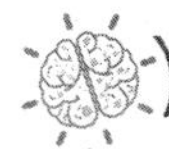

脑力训练：实习医生的一周

有三位实习医生，他们同时在一家医院中担任住院医生。

（1）一星期中只有一天三位实习医生同时值班；

（2）没有一位实习医生连续值班三天；

（3）任意两位实习医生在一星期中同一天休息的情况不超过一次；

（4）第一位实习医生在星期日、星期二和星期四休息；

（5）第二位实习医生在星期四和星期六休息；

（6）第三位实习医生在星期日。

你能推测出，三位实习医生在星期几同时值班吗？

答案

三位实习医生在星期五的时候同时值班。

根据（4）和（5），可知第一位和第二位实习医生同时在周四休息；根据（4）和（6），可知第一位和第三位实习医生在星期日休息。因此，根据（3），可知第二位实习医生在星期日值班，而第三位实习医生在星期四值班。根据（4），可知第一位实习医生在星期二休息，再根据（3），可知第二位和第三位实习医生在星期二值班。根据（2），可以推断出第二位实习医生在星期一休息，第三位实习医生在星期三

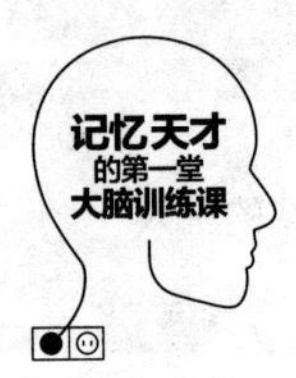

休息。根据（5）可以推断出第二位实习医生在星期六休息。

由此，再根据（1），则可以推断出三位实习医生同时值班的时间是在星期五。

第五章　创意是人脑与生俱来的本能

Creativity is human born instinct

- 让前额叶和侧额叶开个讨论会
- 人们的创造力是如何产生的
- 如何训练你的创造力
- 摆脱“诱导现象”带来的消极情绪
- 诱导脑内吗啡能提升创意
- 完美的创意脑界于男性脑与女性脑之间
- 无意识的耕耘更容易让人产生想法

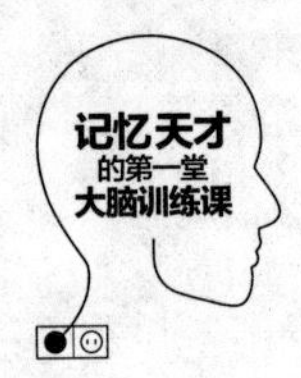

让前额叶和侧额叶开个讨论会

在中世纪的欧洲，人们认为创意是神灵赐予人们的，而非人类创造的；后来，人们的思想逐渐转变，但是他们依然认为创意并非普通人所能拥有的，而是天才的专利；现在，人们开始逐渐明白，创意并不是天才的专利，而是属于所有人的。人们的创造力在发挥的那一瞬间不需要神的指示，也不需要天才的指引，运用的是自身的记忆装置。

人们将自身从外部获取到的信息作为记忆保存在大脑的前额叶中。输入大脑的信息和记忆只有经过输出才能成为能够运用于其他状况的经验，当储存在侧额叶的经验按照控制意识的前额叶的指令被编辑的时候就会产生新的东西，这个新的东西就是我们的创意。所以，如果我们自身没有经验的话，创造力也就无从谈起。

能够让我们产生创造力的，除了经验之外还有欲望。

日常生活中，我们总会产生“我想要做这件事情”或者“感觉这个比那个好”的念头，而控制我们这种欲望和价值判断的正是前额叶。

每当我们产生这种想法的时候，前额叶和侧额叶就会聚在一起进行讨论。前额叶会很“谦虚”地征求侧额叶的意见，它通常会这样问侧额叶：“我想要做这件事，你有没有什么值得借鉴或参考的经验呀？”

此时，被询问的侧额叶为了不让前额叶失望，就会开始不断地寻找、组合和摸索，以便能够提供最佳的信息。

当它找到较为满意的信息时，就会去询问前额叶“你感觉这个怎么样”、“这个呢”，然后将其搜索整合到的各种各样的记忆输送给前额叶，供其参考。

在接收到侧额叶的信息之后，前额叶就开始了忙碌的工作，它对侧额叶传输过来的消息进行筛选：“不是这个”、“也不是那个”、“这个稍微有点接近”，

前额叶一边进行着这样的信息筛选，一边也从自身的记忆中获取相关的信息。

当其找到在大脑中留存的相关记忆的一瞬间，就是发挥创造力、产生创意的时候。

前额叶和侧额叶之间的这种互动就像人们在开讨论会一样。主持会议的人问大家：“你们对这件事情有什么好的建议？”

与会人员会根据自己的经验和感受来阐述各自的意见和计划。随后，主持会议的人会将大家的信息整合在一起，然后一起进行讨论和

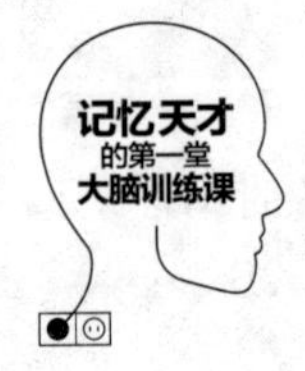

完善，并最终得出最优的方案。

所以，当人们想要发挥创造力的时候，只需要让前额叶和侧额叶聚到一起，开个讨论会就可以了。

脑力训练：左脚还是右脚

皮鞋店的老板将三双同款式的高档皮鞋弄散，分别装进标有“左左”“右右”“左右”的箱子里。但是，这些标签和箱子里的鞋子完全不符。

你能否只打开一个箱子，并从中取出一只鞋子，然后猜出全部箱子里的鞋子是左脚的还是右脚的。

答案

先打开标有“左右”标签的箱子即可。

因为箱子的标签和里面的鞋子是完全不符的，所以，标有“左右”标签的箱子里面的鞋子就一定不是左右两只，那么其只能是“右右”，或“左左”。

将盒子打开后，我们任意取出一只鞋子，如果这是右脚的鞋子，那么就可以断定这个箱子里面的鞋子是两只右脚的，既然如此，那么标有“左左”标签的箱子里不可能装的是两只左脚的鞋子，因此在标有“左左”标签的箱子里，放的是左右两只鞋子，剩下标有“右右”标签的箱子里放的只能是两只左脚的鞋子。

如果，从标有“左右”箱子里任意取出的一只鞋子是左脚的，那么就可以断定这个箱子里面的鞋子是两只左脚的，既然如此，那么标有“右右”标签的箱子里不可能装的是两只右脚的鞋子，因此在标有“右右”标签的箱子里放的是左右两只鞋子，剩下标有“左左”标签的箱子里放的只能是两只右脚的鞋子。

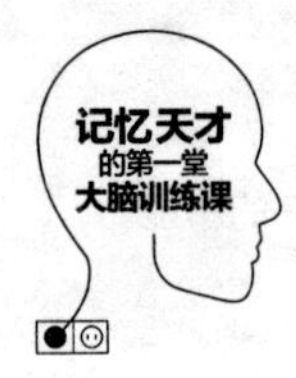

人们的创造力是如何产生的

有很多人认为，创造力与是否精通书本知识没有必然的关系，因为有很多从名牌大学毕业的学生参加工作后根本无法胜任创意性的工作。于是，有些梦想着成为艺术家的年轻人就以此为据，认为我们在学校里学习的那些知识是无关紧要的。

其实，这种想法是错误的，因为，人的创造力并非凭空产生的。创造新的事物必须要经历一个量变质变的过程，只有经验积累到一定的程度，才有可能实现新事物的飞跃。

其实，人们的创造力不仅仅要依靠前面提到的欲望和经验，同时还需要有“准备”。牛顿在苹果树下发现“万有引力”，阿基米德在看到浴缸中看到溢出的水而想到了“阿基米德定律”都不是偶然的，而是长期“准备”的结果。

为了激发创造力而进行的“准备”工作是极为必要的，因为大脑里有为抓住不知何时会出现的创意而做准备的回路。

侧额叶上的前扣带回（ACC）及其附近的前额叶大脑皮质（L前额皮层）就是这样的回路。

位于侧额叶的前扣带回的主要功能是在发现有趣的事情或者新鲜的事情时，将信号发送给前额叶。所以，我们可以把前扣带回看作是“有趣的天线回路”。

当其发现值得注意的信息或与有趣的信息发生连结后，前扣带回就会立刻通知前额叶大脑皮质：“注意，侧额叶现在正在发生有趣的事情。”

而作为大脑“司令部”的前额叶大脑皮质会将前扣带回发送来的信息传递给大脑内部的各个神经元细胞，并通过细胞的活动使大脑的关注点集中在特定的信息上。

大脑会通过“天线”和“司令部”的相互配合寻找到能够产生创意灵感的信息。

对于那些绞尽脑汁、冥思苦想也无法解决的问题，不妨先放一下，让自己出去散散步，或者去喝杯咖啡，或许解决的方法就会自然而然地出现在你的脑海中。

为什么会出现这样的现象呢？

这是由信息整理而引发的一种现象。当人们专注于某项事物的时候，人脑就会将所需要的信息整合起来，并且会将信息进行联结，当有关信息联结到一起时，问题的答案自然也就浮现出来了。

而我们需要做的，就是给这些信息联结的时间。这种因信息整理引发的信息联结是大脑内经常发生的现象，只不过我们没有注意到而已。

如果我们长时间对这种创意闪现的现象置之不理的话，那么，作为“天线回路”的前扣带回就会对身边有趣的事物失去兴趣，其应有的作用也得不到发挥。

那么，我们怎样才能抓住好不容易产生的创意和灵感呢？其实，要想抓住稍纵即逝的创意很简单，做到“三心二意”就足够了。

比如，你正在全身心的研究一件有趣的事情，而此时，你的身边又发生了其他有趣的事情，那么此时你要做的，就是将自己的注意力转移到新的趣事上，并且要做出迅速的反应，即便它与你眼前的工作无关。这样才能够锻炼前扣带回对于趣事的注意力，使其能够在今后对身边的趣事做出准确迅速地反应。

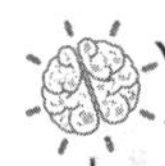

脑力训练：苍蝇与运动员

自行车运动员A从甲地出发前往乙地，自行车运动员B则从乙地出发前往甲地，两人以每小时50公里的速度相向而行。

当他们还相距300公里的时候，有一只苍蝇在运动员A和运动员B之间不停地飞来飞去，直到他们相遇后才能安心地停在一个运动员的鼻子上。

苍蝇以每小时100公里的速度在两个运动员之间一直不停地飞了三个小时，在这段时间里，运动员的骑行速度一直不变。

请问，这只苍蝇一共飞了多少公里？

答案

300 公里。

因为苍蝇每小时飞行速度为 100 公里，它连续飞行了三个小时没有休息，那么一共飞行了 300 公里。

如何训练你的创造力

之前我们已经提到过，右脑属于“创意脑”，它是我们创造性想法的“出生地”，在日常生活中，我们会发现，孩子总是能够比成人提出更多有创意的想法，这是因为孩子们更容易使用右脑，想象力不受限制。

一个人的年纪越大，受左脑支配的程度就越高，一旦右脑出现什么有创造性的想法，左脑就会对其发出“那是不可能的”、“那是无意义的”、“算了吧，不要再异想天开了”之类的警告。不过，幸运的是，并不是每个成年人都失去了好好利用右脑的能力，我们身边依然有一些成年人，他们就像孩子一样，对任何事物都有一份好奇之心，人们常说“好奇害死猫”，但是，好奇同样也是“有创造力的模仿者”的生命和血液。

很多失去想象力和创造力的成年人都认为他们的右脑变小了，智力也有所减退。然而事实上并不是这样的，他们的右脑没有变小，智力也并没有变弱。如果想重新拥有宝贵的记忆力，需要做的就是重新训练自己去使用它。

有一个五步的程序来重新开启你的右脑，如果你能将这些步骤融入你的生活，那么用不了多久，你就会发现你的头脑中会闪现出一些之前从来不曾出现过的想法和创意，而这些创意或许刚好对你的学习、工作或者生活有很大的帮助。

下面就是重新开启右脑的五个步骤：

（1）尝试使用不同的方法去做你要做的事。比如，在下班的时候，偶尔换一种交通工具或者换一条新的线路；去餐厅吃饭的时候，偶尔尝试一下之前从未点过的食物；在玩游戏的时候，偶尔变换一下进攻的策略等。

这样做的目的并不是要让你找到更好的解决方法，而是要重新构建你的右脑的灵活性。使用不同的方法做想做的事，能够很好地刺激大脑，起到锻炼右脑的作用。

（2）不要将新想法扼杀在摇篮里。很多人都会嘲笑我们萌生出的新想法是青黄不接的半成品，可他们却没有意识到所有的想法起初都是半成品。不要对他人牵强的想法拒绝得那么快，因为不论在什么情况下，对这一想法的研究和发展而付出的那些充满了想象的努力，对自己来说都是十分重要的。即便这个想法最终还是要放弃，但是多做一些类似的大脑柔软体操，对重新开启右脑的回路、激发想象力和创意是有好处的。

大脑每天都会冒出很多新的想法，但是出于种种原因，我们经常会对这些新的想法视而不见，久而久之，我们大脑当中的前扣带回的活跃度就会减弱，右脑冒出新想法的频率就会越来越少。所以，不妨随身携带一个笔记本，每当有新想法出现的时候，就将它们记在笔记本上，过后再给自己一个机会去考虑一下这些想法。

（3）发展你“创造力模仿”的能力。是的，正如你知道的那样，所有的创意都是已有想法的结合或修改，有一种方法能够让你的大脑习惯于对这些方法进行结合和修改，这同样也需要练习，但这个练习十分有趣，并且能够给你带来很大的好处。

每天花十分钟的时间，去思考一下两个毫无关联的产品、系统或情况是否有相似之处，并且列出所有你能想到的相似的地方。这个练习本身并不能为你提供什么创意或灵感，其作用就在于在日常生活中，即使你不在做这个游戏，它仍会让你的大脑思考不通事物的关联和相似之处。通常，最棒的想法就是这样产生的。

（4）发展一些有创造性的娱乐消遣。它们能保障右脑想象力的健康，并且随时准备行动。创造力不应该是一种只有工作没有快乐的东西。它会进入并成为你生命的每一个部分，并且如果你能发现有意思的方法来使它更有利的的话，就更好了。做谜题、棋盘游戏、绘画、写作、学习手工、参加交际性活动等都是不错的选择。

（5）不论做什么事情都不要满足于眼前的事实，要寻找学习的目标。一定要对这个世界保留一份好奇，让自己养成问问题的习惯，可以问自己，也可以问别人，即便你对当时的那个问题并不感兴趣，也要让自己去提问，因为这能保持你的好奇心。

脑力训练：称米

一个袋子里装有9千克的米。现在有一个天平和50克与200克的两个砝码，只称三次，把米分成两份，其中一份2千克，另一份7千克，并分别装在两个袋子里。请问，应该怎样做？

答案

第一次称：用天平将米平均分成两份，即每份4.5千克；第二次称：将称好的一份米在通过天平均分成两份，每份2.25千克；第三次称：将200克与50克的砝码叠加，然后从一份2.25千克的米中称出0.25千克，就能得到2千克的米，剩余的即为7千克。

摆脱“诱导现象”带来的消极情绪

人脑拥有无限的潜能，而感动是开启人脑潜能的金钥匙。不论读书、看电影，还是日常生活中各种不同的体会，我们都会从中发现感动。点滴的感动不断汇聚，我们的大脑的潜能就能不断地被发掘。所以，只有用积极的态度去面对生活，我们大脑的创造潜能才能得到更好的发掘。

可是，人生不会总是一帆风顺的，我们总会有消极低沉的时候，尽管自己也知道应该打起精神积极面对生活，但是却无论如何也无法做到。当我们深陷失望和困顿的时候，也难免会认为自己无能，在面对未知的未来时也会感到恐慌和忐忑，这些都是十分正常的表现，可是即便如此也不能让自己过度沉溺在这样的情绪中，因为人脑的系统是“非线性”的，即指输入与输出的信息不成正比，以一加一来举例子，在非线性的情况下结果不一定等于二，或许会等于四或等于五，所以在这样的情况下如果你过分地去关注那些负面的东西，那小问题就会变成大难题，随之而来的就是无尽的烦恼。

你一旦触碰到消极情绪的开关就很难再将其关闭，你会不停地在负面情绪中打转，这就是人脑的“诱导现象”。此时，无论你怎样鼓励自己振作起来，也还是会不由自主地让自己陷入消沉的情绪中去。

不过，人脑的状态的是可以调整的，只要我们能够掌握其中的方法，那么我们就能轻易地调整大脑状态，摆脱消极情绪。其实，摆脱消极情感的困扰最好的办法就是增加快乐体验带来的积极情感。

小孩儿都是头脑转换的高手。想一下自己是否有过这样的经历，前一秒你还在为失去的玩具哭得伤心，下一秒看见好吃的就又能破涕为笑。你和好朋友吵得不可开交，怒气冲冲地说：“以后再也不跟你玩了！”但是过不了多久，两个人就又和好如初，就像什么都没有发生过一样。

其实，这并不是说明小孩没心没肺，他们也并没有忘记刚刚发生的那些不愉快，可是小孩的头脑转换都很快，当这一阶段过去之后，他们就会迅速把精力投入到下一阶段的活动中去。看到这里，你是不是在想，如果我能像小孩那样迅速地转换头脑的话，那我的人生该有多么快乐啊！

我们长大以后之所以没有办法像小时候那样快乐，不仅是因为我们经历的事情越来越多，还因为我们的想法变得越来越复杂，我们的大脑考虑的事情越来越多，所以，每个成年人都要付出很大的努力才能像孩子一样转换头脑。

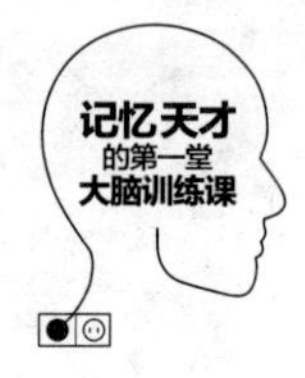

如果你不转换头脑的话，那么消极的情绪就会一直伴随着你，你就会一直郁闷下去。很多人会把这种现象归结为性格问题，可是，试想一下，你是从五岁开始就一直这样郁闷吗？如果不是的话，那就不能被称为性格问题了，这完全是后天大脑的“诱导现象”带来的消极习惯造成的。

诱导现象的极端案例被称为创伤后应激障碍（PTSD）。当人们遭受巨大打击时，精神濒临崩溃，人脑中掌管情感的杏仁核就会牢牢记住此时的痛苦，这种痛苦不是你想忘就能忘的，有时你甚至会永远成为它的囚徒。科学家们曾用小白鼠做了一个很有名的实验，他们对来回走动的小白鼠施以电击，在反复多次后，移动的小白鼠全都缩成一团，再也不动了。这是因为，电击所带来的痛苦已经深深地刻在了它的头脑中，最终它选择了放弃，一动不动地缩紧身体，失去了活力。这就是消极循环最极端的案例，人们如果也无法摆脱脑的诱导现象，那么结局也和小白鼠不无二致。而且，你还丧失了开发大脑创造潜能的可能性。

人的脑神经都是越用越灵活的。指挥家每天都要记忆很多的曲目，因此他们的大脑中关于音乐的神经就会变得特别发达。作家每天都在写作，因此他们的大脑中写作细胞就特别发达。同样，这个道理也适用于消极情感，如果你总是沉浸在消极的情绪中，那么大脑就会强化这种消极的情感，慢慢地，你的脑也会变得闷闷不乐。那么，想要摆脱消极情绪，应该怎样做呢？

其实，我们应对的方法很简单。当某件事诱发了你的消极情绪，最开始的时候它只会短暂储存在你的记忆中，所以此时你要多想一些高兴的事情，一旦积极的感情能够涌入，那么消极的情绪自然就会淡化，即便你依然能感受到它的存在，但是它在大脑中占据的比例也不会那么高了。所以，如果你想摆脱大脑的“诱导现象”，最直接有效的方法就是缩小消极情感在大脑中所占据的比例。

如果能够经常进行头脑转换练习，那么很快你就能够自如地调节自己的情绪，而且，人脑本身也是具有摆脱消极诱导的能力的。

额叶在我们进行头脑转换时，发挥着不可替代的作用，它就像是我们头脑转换的开关一样。额叶能够让你认识到自身现存的状况，并且能够指挥你做出相应的行动。也就是说，当额叶识别出你的消极状态后，它会判断你是应该积极地行动，还是消极地等待。因此，你可以把额叶看作是你头脑转换的开关，只要多加练习就能够摆脱消极情绪。

曾经，人们认为大脑与人的精神状态并没有什么关系，认为它的功能不过是分析与计算这么简单，而心才是主管我们精神状态的根本。但是随着现代脑科学的发展，脑科学家明确表示，大脑才是人们情绪的操控者，人们的心和脑其实是统一的，而不是分离的。

如果，现在有人问你：“你认为自己的人生态度积极吗？请给自己从一到五打分，一分为最低，五分为最高。”你会给自己打多少分？其实，很多人在面对这个问题的时候，回答得都很暧昧，通常他们都会回答：“差不多三四分吧。”这样的回答能表现出大脑精密的活动。通常而言，对自己打分越高的人，大脑的运转速度就越快。所以，每种心态的背后都会有一种与之相对应的大脑活动。

所以，我们经常对失落的人说“加油”、“打起精神来”或者“积极面对生活”之类的话，这些听起来如同心灵励志的论调，实际上是有作用的，因为它是符合脑科学原理的。如果一个人的心态是积极的，那么，他的大脑状态同样也是积极的；相反，如果一个人的心态是消沉的，那么他的大脑状态也是消沉的。这是因为，在大脑边缘系统中有一个控制情感的区域，当你沉浸在不同的情绪中的时候，它所呈现出来的状态也是不同的。

所以，如果现在的你情绪低落，没有精神，那么你一定要让额叶将其转换为积极的模式。一旦你的大脑状态进入积极模式，那么你立刻就能满血复活，因为你的大脑状态是可以调整的，只要它变得积极起来，那么你就会浑身上下充满了干劲儿。

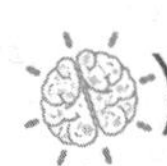

脑力训练：三片馒头

妈妈决定今天晚餐给女儿做她最喜欢吃的炸馒头片。馒头片要想炸得好吃就要两面都炸 30 秒，妈妈有一个一次能炸两片馒头的平底锅，这样算来炸三片馒头最少需要 2 分钟，但是她却有一种方法让女儿只等 1 分 30 秒就能吃上美味的馒头片，你知道妈妈是怎样做到的吗？

答案

妈妈先把两片馒头放进锅中，把它们的一面炸 30 秒。然后将第一片馒头翻个面，将第二片馒头取出。然后把第三片馒头放进锅中，同第一片馒头一起炸30秒，此时，第一片馒头已经炸好了，而第三片馒头也已经炸好一面了。把第一片馒头其取出，并将第二片馒头未炸的一面放进锅中，同第三片馒头的另一面一起炸30秒。这样一来，可以不必花2分钟，只要1分30秒就能让女儿吃到香喷喷的炸馒头了。

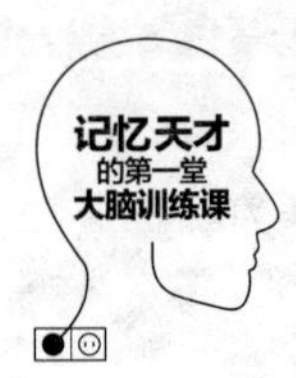

诱导脑内吗啡能提升创意

一提起吗啡，人们似乎很自然地就会想到毒品，不过“脑内吗啡”并不是毒品，人们之所以会将其称为“吗啡”，是因为它与毒品吗啡的分子结构十分相似，并且它也能像真正的毒品一样引发人们的快感，其效力甚至是毒品吗啡的五六倍，所以，人们一旦尝到脑内吗啡带来的甜头，就会立刻对它产生极强的依赖性和成瘾性，并且十分渴望再次体验这种快感。

在这一点上，脑内吗啡确实是和毒品吗啡很相似。不过，脑内吗啡并不会像毒品一样给人的身体造成损伤，相反，它具有提高人体的免疫力、治愈力，防止老年痴呆症，缓解精神紧张和舒缓心理压力的出色功效。

其实，脑内吗啡在很早的时候就被科学家发现了，但是，当时人们认为它除了具有镇痛的效果之外，就再也没有其他的使用价值了，因此在很长的一段时间内，它都没有引起人们足够的重视。但是最近的研究结果表明，脑内吗啡其实蕴藏着极大的能力，尤其对记忆力胡影响十分明显。

脑内吗啡是人脑分泌的一种荷尔蒙，现代医疗界的研究人员对脑内吗啡的研究十分重视，不仅因为它能够参与人体内呼吸系统、循环系统、免疫功能的调节，是人体分泌系统中的一种兴奋剂，还因为脑内吗啡对脑细胞具有独特的作用，能够激活处于沉睡状态的脑细胞。

作为大脑中枢机构分泌的一种激素，脑内吗啡以右脑为主导，开发右脑的过程从某种程度来讲就是脑内吗啡分泌的过程。所以，要想提升自身创意，就要不断对右脑进行开发，要想开发右脑，最根本的就是设法诱导脑内吗啡的分泌和 α 脑电波的产生。

而且，人类的DNA除了具有生物的本能之外，还保留有祖先遗传下来的智慧和信息，而这些通通都储存在我们的右脑中。当我们的脑波呈现出 α 波的时候，右脑才会活跃，因此要想唤醒沉睡者的智慧，提升自身的创造力，放松大脑是绝对必要的条件。

只有当大脑处于 α 脑波状态时，储存在右脑的记忆或信息才能够被引发出来。

与右脑相比，左脑通常都是被优先使用的，这是因为左脑负责人们的语言、计算和伦理等。而当人们处在清醒的状态下的时候，大部分的活动都与左脑有关，自出生以来接触到的所有的刺激都是储存在左脑中的，人们只有不断地重复这种刺激，才会被右脑储存下来。这

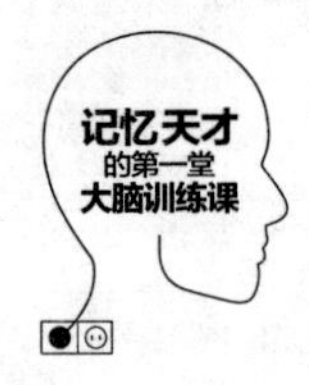

种刺激一旦被右脑记住，就会成为基因被永久地保存下来。因此右脑也可以被称为“祖先脑”。

我们在进行创造的过程中，负责理性的左脑很难给我们提出什么建设性的意见，那么此时我们就会自然的转向右脑的“信息库”寻求答案。

从脑波的观察可以知道，当人脑分泌脑内吗啡的时候，一定是处于 α 脑波状态之下的。

α 脑波不会在人们清醒或者睡眠的状态时出现，而是处于这两者之间的时候，即大脑放松的时候才会出现。

α 波是一种对人体极为宝贵的和谐波，人在此时往往处于记忆力、创造性思维能力和想象力的顶峰状态，工作能力也较平日有极大的发挥。

脑内吗啡分泌和 α 脑电波状态的关系犹如鸡和鸡蛋的关系一样，很难说清谁先谁后，但是二者无疑同为一体。

我们的生活离不开视觉、触觉、听觉、味觉和嗅觉，如果我们不积极地运用这五个感觉器官，那么它们就会慢慢退化。我们每天可以通过这五个感觉器官来启动自身的“脑内吗啡”。

每天看看周围的景色、多彩的图画、优美的舞蹈等，不仅能够丰富我们的精神世界，同时也对我们的大脑产生积极的影响，在无形中能打开右脑记忆的大门。

欣赏音乐尤其是那些没有歌词的钢琴曲、古典乐、爵士乐及能够让人感到放松和舒适的音乐时，同样能够激发人们的“脑内吗啡”，对开发人们的右脑具有出人意料的效果。

当我们在进食的时候，注意品尝各种菜肴的味道，把进餐当作是一种享受，这样一来就能刺激我们的大脑分泌脑内吗啡。

气味能够直接刺激人们的嗅觉，我们吸入的氧气通过血液循环系统进入大脑，作用于人的神经系统。气味对人的神经系统的刺激是直接的，所以，当人们身处在芳香的环境中时会有不同程度的舒适感，有利于人们的创造工作和思维。

开发人体的右脑资源，分泌脑内吗啡，产生 α 脑电波，可以让人获得最佳的精神状态和心理状态，调适心理压力，从而全面激发人脑潜能，提升创造力。

脑力训练：过桥

小明一家在天黑的时候抵达了一座桥边，他们一家必须要走过这座桥才能回家，但是过桥必要有灯。小明手里刚好有一盏灯，但是它最多只能燃烧 30 秒，30 秒之后就会熄灭。现在小明过桥要 1 秒，小明的弟弟要 3 秒，小明的爸爸要 6 秒，小明的妈妈要 8 秒，小明的爷爷要 12 秒。小明一家应该怎样过桥？

答案

第一步,小明与弟弟一起过桥,弟弟留在对岸,小明回来,耗时 4 秒。

第二步，小明与爸爸一起过桥，并留在对岸，弟弟回来，耗时 9 秒。

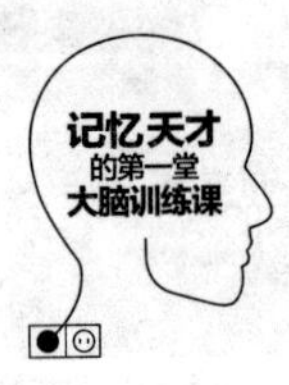

第三步，妈妈与爷爷一起过桥，并留在对岸，小明回来，耗时13秒。

第四步，小明与弟弟一起过桥，耗时 4 秒。

这样，小明一家人就全部顺利过桥，耗时恰好 30 秒。

完美的创意脑界于男性脑与女性脑之间

通常而言，男性的情感都较为理性，他们能够理性的思考和面对问题，因此他们能够承担更多的社会责任；而女性相对男性而言，情感较为感性，她们擅长分享感情，并且很容易就能与他人的情感产生共鸣。男性和女性之间之所有这样的差别，是因为两者的大脑各有特色。

众所周知，人的大脑是由左脑和右脑组成的。人的右脑主要负责掌管感情和形象，而左脑则是负责理性思考的。胼胝体连接左右脑，并且负责信息的传递工作。在经过研究后，人们发现，女性的胼胝体相对于男性而言，要更为粗壮一些。这就表明，不同类别的信息能够在女性的左右脑之间畅通无阻的传递，而男性左右脑之间的信息传递就较为有限。

女性在思考问题的时候，左右脑的使用程度是均等的，而男性在思考问题的时候偏向于使用左脑，这种说法是得到了实验的证实的。

所以，男人对待问题理性，而女人对待问题感性，是由两者之间大脑的构造和用脑方式不同造成的。

除此之外，男性脑与女性脑最典型的差异就是镜像神经元的使用不同。镜像神经元系统能让人产生感同身受的感觉，镜像神经元就像是人脑中的一面镜子，能够映射出他人的表情和动作，并将之与自身的体验一一对应。别人高兴的时候，自己也跟着一起高兴；别人难过的时候，自己也会感到难过。镜像神经元系统能够分享别人的情感，在制造感动的过程中起到了十分重要的作用。

不过，女性与男性在使用镜像神经元系统的方式是不一样的。女性能够随时启用大脑中的镜像神经元，而男性则会根据环境的不同决定是否启用。

从理论上讲，完美的大脑是男性脑与女性脑相互结合的状态。如果人们能够把自身获得的感动与对人的同情，在理性分析的基础上，应用到社会生活中，这将是最完美的生活状态。完美的大脑既不是男性脑也不是女性脑，而是介于两者之间的一种状态。

很多被视为天才的艺术家之所以能够创作出非凡的作品，正是因为他们同时拥有男性脑和女性脑。他们能够通过女性脑来捕获身边的感性事物，再通过使用男性脑将其理性地表现出来。

不过，即便没有均衡地拥有男性脑和女性脑，也还是能够将我们的创意发挥到最大的。异性共处的时候可以互补各自大脑的缺陷，所以，只要我们能在生活中能留意彼此大脑的优势与特点，就能够逐渐形成完美的大脑。

脑力训练：渡河

有一队士兵来到河边，准备过河。但是这条河上的桥已经毁坏，河水又很深。就在大家为过河的事情一筹莫展的时候，军官忽然看见有两个小孩儿正在河边的一条小船上玩耍，可是这条船实在是太小了，它每次只能载一名士兵或两个小孩，这样还是没有办法渡过这条河。就在大家一筹莫展之际，军官灵机一动，想出了一个办法，后来全队士兵用这个方法顺利地利用这条小船渡过了河。那么，你知道他们是如何利用小船过河的吗？

答案

首先，让两个小孩划船到对岸，然后留下一人，另一人再把小船划回去，并上岸。然后，一名士兵将船划到对岸，留在对岸的小孩再将船划回士兵这边，随后将他的朋友——另一个小孩载到对岸，然后再将船划回去，自己上岸，第二个士兵再上船，把它划到对面去。之后，在对岸的小孩再把船划回去，将在士兵哪一边的小孩接到对岸，然后自己在划船回去，并上岸……也就是说，小船每往返两次才能载一名士兵到河的对岸，所以，军队中有多少人，就需要这样重复多少次。

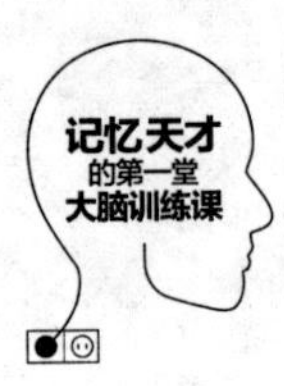

无意识的耕耘更容易让人产生想法

日本著名的设计师吉冈德仁在接受某次电视台的采访的时候，讲述了让自己萌生创意的有趣方法。吉冈的创意并非是从众多的想法里选择的，而是将其作为一种生物来孕育的。

每种生物都有属于自己的进化方式，创意也是一样。所以，吉冈自己创立了一套顺应创意孕育的方式。当他在打磨某件已经完成的作品时，并不是将所有的精力全部倾注在上面，而是将其放在一边，去做其他的工作，只是偶尔看一下自己的作品。在这种状态下，他的看并非是有意识地在寻找作品的瑕疵，而是无意识地观看。

如果我们有意识地从正面来看的话，那么产生的创意就是头脑中固有的。而当你站在一边无意识地去看的时候，常常会注意到一些平时看不到的细节，这是无意识的程序就会在大脑里不断地处理那个引起你注意的信息。

通常而言，意识一次只能处理一件事，而且还具有明显的界限。可是，人们如果处在无意识状态下，就能同时处理多个问题。也就是说我们的意识是逐次处理问题的，而无意识是并列处理问题的。

所以，人们的创意通常只会在无意识中产生。

事实上，人们真正通过意识而产生的创意屈指可数，那些想法只不过是全部创意的冰山一角，你大部分的创意都是在无意识的状态中出现的，它在你毫无防备的情况下跳进你的大脑，然后灵光闪现，瞬间火光石电。而那些出色的创作者们都十分擅长无意识的使用方法。

比起有意识的创造，人们在无意识的大脑里创造出来的东西更好。我们的无意识当中储存着很多信息，这些信息就像是活的生命，要想发挥创造力，我们就必须要学会捕捉到自己头脑里的这些活信息。尽管我们无法彻底掌握这些信息，但是常常留意无意识中的这些或信息对我们来说是很重要的。

在生活中的很多时刻，我们都能感受到无意识带给我们的创意和想法。比如，当你要进行演讲的时候，你可以想一下，你要演讲的主题怎样才能和自己熟知的话题紧密结合起来，只要能够找到这个点，就如同抓住了冰山一角，之后你就顺着话题组合涌现出来的无意识块进行发挥就行了。或许你在演讲时说的那些话并不是事先准备好的，但是当你能够抓住冰山一角的时候，你就会有一种自己一定能够讲好这个话题的感觉。

当我们集中精力去思考某一件事情的时候，我们的意识状态就会转换为无意识状态。不过集中精力并不等于无意识，它只是一种到处无意识状态的手段。当我们的注意力集中起来之后，额叶的活动就会变得活跃起来。

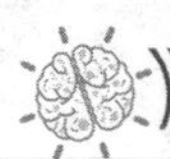

脑力训练：奇怪的信

有一天，老张收到一封令他倍感惊讶的信。信封上邮戳显示的日期是昨天寄出的，而且信密封得很好，但信封里却有一份今天的早报。难道这封信是使用了时光机，从未来世界寄来的？除此之外老王想不出任何合理的解释，你知道这到底是怎么回事吗？

答案

寄信者先在收信人地址那一栏里用铅笔轻轻地写上自己家的地址，不封口，就这样把信寄出去，等到第二天寄出的信件投递到自己家中的时候，寄信者再将铅笔写的自家地址用橡皮擦去，之后再换用钢笔或圆珠笔写上老王家的地址，随后将当天的早报装进信封密封好，等路过老王家的时候，顺手丢进他的信箱里就行了。

附录
The appendix

- 催眠术是怎样将你“治愈”的
- 念力是如何修复我们身心的
- 我曾在梦里见过你
- 测试：你是左脑人还是右脑人

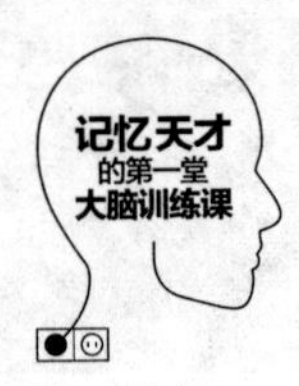

催眠术是怎样将你“治愈”的

催眠术究竟是有科学依据的还是毫无根据的伪科学？催眠术又是怎么一回事？科学家们已经对这一现象研究了150多年，但是至今也没有结论。有的科学家认为，催眠术打开了人们潜意识的大门；有些科学家认为，人们被催眠的时候是处于非睡非醒的心理边缘状态；还有一些科学家甚至认为催眠术就是伪科学。

不论科学家们争论的如何热闹，催眠术有一个特点是不容置疑的，那就是人们在催眠的状态下极易接受暗示，并因此做出一些与自己日常行为处事的准则相违背的事情来，催眠术还能治愈你心理或者身体的顽疾。之所以会出现这样的情况，科学家解释说，因为人们处在催眠状态中的时候，我们的大脑和身体是不受自身控制的，此时大脑很容易接受外界的暗示，并且坚定不移地相信这个暗示是正确的。催眠术究竟是真是假？一些研究知觉边缘状态的专家通过类似的实验解开了人们心中的疑团。

在哈佛医学中心工作的吉南德斯和罗森塔尔教授在进行催眠术的实验时，发现了一个不可思议的属性，那就是当病人处在恍惚状态下的时候，骨折和外科手术的伤口能够更迅速地愈合。所以，他们认为当人们处在催眠状态中时，人脑会分泌更多的脑内吗啡。

他们在一项实验中请到了 12 位踝骨断裂的病人，并对他们进行了为期三个月的跟踪实验。在这三个月的时间里，吉南德斯对其中的 6 人每星期进行一次催眠，而另外 6 人则只是接受一般的治疗。随后，他们又找来另外一批医学专家，在完全不知道哪些人接受催眠的情况下，通过 X 光透视仪来观察病人骨头的愈合情况。最终结果表明，那些接受催眠的患者要比接受一般治疗的患者提前两个星期下地行走。

据此，生物化学家们认为这是脑内吗啡作用的结果。脑内吗啡是人体在脑内合称的一种类似麻醉剂的物质，据说患者在接受催眠的过程中会分泌的更多，它能减轻伤口在愈合过程中的疼痛，并带给人们愉悦的精神，所以患者在治疗的时候没有疼痛感，并且愈合速度加快。

俄罗斯创造性和医疗性催眠术研究协会副会长伊戈尔·拉济格拉耶夫认为，对人的知觉施加影响，能够对一个人的生理过程起到作用，而且，他不止一次证明了自己的这一结论。

拉济格拉耶夫曾经接待过这样一名患者，对方是一名处在更年期的女性，由于经期紊乱，她的头部和心口都疼得厉害，而且还有很强烈的情绪波动。当她找到拉济格拉耶夫的时候，整个人看起来没有精神，而且内向不爱说话。在接受了几次催眠治疗后，这名女性患者的更年期竟然神奇地“推迟”了七年，头疼和心口疼的毛病也不治而愈，月经也恢复了，而且人变得精神起来，就连性格也变得开朗了很多。

而且，拉济格拉耶夫还相信，催眠能将人送到未来。曾经有一个音乐学院的女学生来找他，并且告诉他自己当着台下众多观众的面弹钢琴会感到紧张。于是，他在给这位姑娘进行催眠治疗的时候，便暗示她“你现在已经 32 岁了，你是一个天生的钢琴家”。拉济格拉耶夫的暗示给了这个姑娘极大的帮助，她的信心倍增，最终在音乐会上的演出大获成功。

在这次的治疗取得成功后，有专家专门据此做了一个很有意思的试验，他们在试验过程中谎报了已经被催眠的志愿者们的年龄，分别是二百岁、三百岁、一千岁、一百万岁，与此同时，他们还记录下此时反映志愿者的大脑生物电活动情况的脑电图，结果他们发现，志愿者脑电图的波动在不停地发生变化，仿佛他们真能看到遥远的未来的画面一样。尽管他们在被催眠的时候脑波活跃，但当他们被唤醒后就什么都不记得了。

科学家还认为，当人们处于催眠状态中的时候，人体血液循环会得到改善。科学家们不仅想要探究催眠术的奥秘，而且他们也一直在想方设法地通过催眠术来治病。瑞士巴塞尔大学发表声明，说他们发现催眠术是治疗花粉过敏的好方法。

他们的这项研究进行了两年，有 66 名对花粉过敏的患者自愿接受实验。他们将志愿者分成两组，然后在第一年的时间里，第一组的志愿者在一名经验丰富的神经疗法医生的指导下施行旨在祛除过敏主要症状的自我催眠，与此同时还要继续服用一般的抗过敏药，只不过剂量要比正常值小一些。而另一组志愿者并不接受催眠治疗，并且像往常一样继续服用传统的抗过敏药物进行治疗。第一年结束后，发现第一组接受自我催眠的患者在春天的时候过敏现象不再像从前那么严重。等到第二年的时候，没有接受催眠治疗的第二组志愿者也接受了催眠治疗，等到春末的时候，他们也感到症状有所缓解。

科学家认为，过敏者的症状之所以会出现缓解，是因为在催眠的作用下，人体的血液循环得到了改善，能解决或部分解决呼吸系统常会出现的一些问题。

不过，虽说接受实验的人都不约而同地说这种方法对治疗过敏症有效，但仍缺乏事实依据，这只是志愿者们的自我感觉，而并非医学鉴定，而且志愿者在接受催眠治疗的同时仍得服用小剂量的抗过敏药物才可以。而且，一些参加此次实验的科研人员也表示，他们只是提出了一种哪怕能对治疗花粉过敏有部分帮助的方法，而并非是发现了新的治疗方法。

科学家在经历了一系列探索性实验后，开始将研究转向理性。他们开始关注催眠与大脑反应之间是否存在某些必然的关系。

为此，科学家们也进行了很多实验。他们曾设计过这样一个实验，实验内容十分简单，志愿者只要伸出双手托砖头就可以了，当然，他们托砖头的时间越长越好。这个实验的结果显示，如果人在一般状态下托 5 分钟就已经接近极限了，可当志愿者们处在催眠状态下的时候，就连女性都能轻松托半小时。科研人员在对 X 照片进行研究后认为，

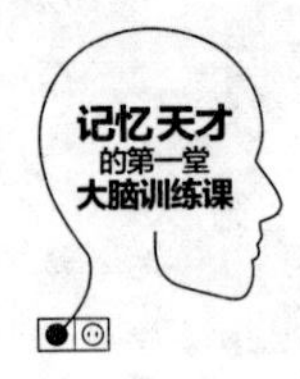

当人们处在正常情况下，大脑的两个半球是同时工作的，可是当他们处在恍惚状态下的时候，大脑只有负责情感和艺术创造力的右半球处在活跃状态，它的活跃似乎“压抑”了负责逻辑和智力的左半球的所有企图，于是人就只知道傻乎乎地托着，不论多久都不会感到累。

还有研究证明，催眠能通过改变大脑特殊区域的活性，进而有效地避免认知冲突的发生。研究者设计了一个十分经典的实验，他让受试者说出书写字迹的墨水颜色。当志愿者在面对用蓝墨水书写的“绿”字时，他们在回答墨水的颜色时往往会犹豫或犯错。可是，当这名志愿者在经过催眠后再看这个字，就会把这个字当成一个没有意义的符号。

美国纽约市哥伦比亚大学的认知神经学家瑞兹和他的同事们都不约而同地认为，大脑活动是造成这一结果的主要原因。因为，有研究人员在最初进行行为研究的时候发现，面对字义与颜色的冲突，那些接受了高度催眠的志愿者比暗示影响较浅的受志愿者判断得更为准确。

此外，根据相关的大脑成像也能发现，受到影响的大脑区域包括负责早期视觉处理的区域和前扣带脑皮质，而科学家们表示这一区域与人的注意力、情感控制和自我调节有着密切的关系。瑞兹表示，这一解释令人感到惊讶的地方在于阅读被认为是一种无意识的过程。然而事实是，一种特殊的暗示通过改变大脑的活性从而颠覆了这一过程，这意味着催眠可以用来激活和关闭特定的大脑区域。

念力是如何修复我们身心的

念力，也被称为意念。念力的概念最初是由亨利·霍尔特提出来的：它根据意识直接影响一个物理系统。所谓念力，是指通过人大脑的某种特殊意识影响客观事物的运动规律，因此，念力被归类于超自然的范畴内。一些超自然研究人员认为，念力是真实存在并值得进一步研究的。

在很多医生眼中，念力是一种强有力的治疗工具。医生常会对身患重病的患者这样说："你现在正在服用的这些药物，对你病情的恢复都是有极大的帮助的。只要你能谨遵医嘱，按时吃药，那么你的病就一定会好起来的。"病人对医生的话都是百分之百的相信的，所以即便当时给他们吃的药对他们的病情不会产生任何的效果，但是他们在服用完之后真的会感到自己的病情有所减轻。这种现象在医学上被称为安慰剂，能治愈患者的并不是真正的药物，而是患者自身的念力。

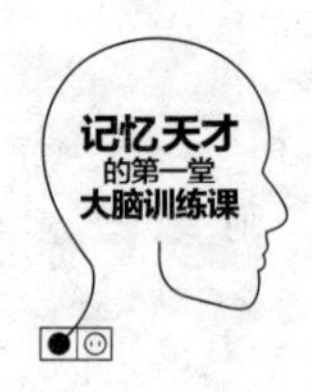

它的治病原理就是利用念力，让患者认为这个药对自己的病情有极大的帮助，只要吃了它，身体就会康复，疾病就能治愈，结果这些药就真的把他治好了。这种方法在现在医疗里被广泛使用，尤其是对身患重病的人和老年人能产生让人惊讶的效果。

1995 年，日本医学博士春山茂雄完成了《脑内革命》一书，这在医学界引起了极大的轰动，其原因在于，此书从东西方医学结合的角度阐述了大脑对健康的影响，书中的许多观点闻所未闻，令人耳目一新。春山茂雄博士认为，如果一个人不喜欢他人对自己的评价，听后觉得心情很不愉快的话，那么他的大脑就会分泌出一种能加速衰老、使人致癌的物质；可如果能够正确对待他人对自己的评价的话，脑内就会分泌出能让人保持年轻和健康的物质。从医学的角度来看，我们的大脑的确实有这样的机能。

据调查显示，近 10 年来，日本每年都是世界长寿冠军，日本女性的平均寿命已达 83.2 岁，而男性也突破了 80 岁。这一切都得益于他们率先提出的“健康长寿的关键在于健脑”的观点，并预言，在未来世界必将进入“健脑时代”，曾经被大众提倡的“生命在于运动”的口号，现在已发展为“生命在于脑运动”，并开始逐渐成为各国的共识。在此基础上，日本又提出了“脑内革命”这一崭新话题，而且它也逐渐成为新世纪最引人关注的话题之一。

科学家对大脑进行深入而全面的研究，发现大脑有四项主要功能，分别为：生理协调、心理协调、智能开发以及决定一个人的身体状况。大脑是这四项功能的总指挥，也就是说，改变观念与想法，就能改变一个人的未来。美国哲学家威廉·詹姆士说过：人类这个时代最伟大的发现，就是意识到改变观念与想法就会改变未来，即改变自己内心的态度，就可以改变外在的生活。

心理学家已经从心理学角度证实：每个人的想法都能决定自己的一生。每一种想法都是一粒心灵的种子，它决定了你的人生长成什么样子。自认为平庸，自然会平庸地度过一生；自认为会有一番成就，就一定会拥有成功的人生；自认为身体不健康，一定会病痛缠身。而且春山茂雄博士也从医学的角度证实了“病由心生”、“一切治病的基础，在于改变自己的信念”的说法，而这一切似乎都与人脑内的脑内吗啡有一定的关系。

春山茂雄的书中表明：人在进行正面思考时，大脑会分泌脑内吗啡，心情会变得很好；反之，有负面情绪的时候，例如烦闷、愤怒等时候，就不会分泌脑内吗啡。当人类在生气、烦闷时，脑内会分泌去甲肾上腺素；在感觉恐惧时，则分泌肾上腺素，这两种物质对人体都是有害的。这也就是生理学上所说的生物体回馈作用。

在美国、日本等国家，一些国民都深信“心想一定会事成”，更有国家用实验证明了“念力”可以使人体的疾病不治而愈，甚至能成功抗癌。而《人体潜能》一书的作者柯里曼也认为，“念力”堪称“自愈系统”，可以有效地释放生命能、激发创造力，而且它既不用花钱，也没有副作用。

美国的西尔瓦博士将心理学、哲学、医学、艺术等有机地融为一体，创立了心灵自控术，在心理学界引起了轰动。所谓心灵自控术，就是

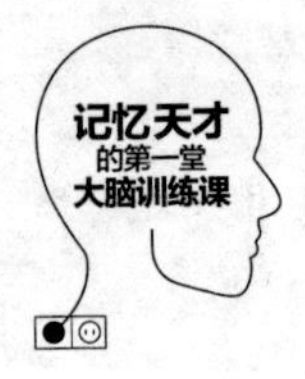

通过放松身心，利用积极正面的观念，减慢脑波频率，促进右脑活动，进而使人们更好地开发自身的潜能、调动积极因素、调整身体和心理的状态，使之达到最佳。

“真正的医学，是增强身体的自愈能力，不使之生病。”这是《脑内革命》一书所强调的观念。正面思考能促进“脑内吗啡”的分泌，不仅可消除精神压力，使人们的情绪保持舒畅，有时甚至还能击败癌细胞，挽救人的生命。而负面的思考会抑制“脑内吗啡”的分泌，这就容易导致人体生病，甚至提早老化或诱发癌症，这也就是古谚所说的“病由心生”。所以，遇事多做正面思考，把困顿想成磨炼，就能极大地刺激脑内吗啡的分泌，这样我们不仅能从中获得乐趣，保持身体健康，而且或许还有可能治愈许多目前医学无法治愈的顽疾。

我曾在梦里见过你

我们每个人都有过这样的感受，有些时候我们到一处从来没有去过的地方，可是当我们看到那里的景物的时候，会有似曾相识的感觉。这种感觉其实是我们的大脑擅自制造的一些记忆，它将一些彼此之间毫无关联的事情联系到一起，形成了“即视感”。此时，大脑把完全不同的区域的记忆和自己的经历同时提取出来，然后告诉自己这就是真实的。

有些时候，在我们出现这种“即有感”的时候，其中不仅是景物，而是混杂着一些孩提时代的经历，让人们产生认定自己小时候确实发生或这样一件事情。但是真实情况是确实不存在的，这只是大脑的一种错误判断而已。

这种现象在科学上称之为DejA-vu现象。DejA-vu现象的中文译为“即视感”，换句话说就是“似曾相识”，不曾经历过的事情或场景与在某时某地经历过的事情或者场景有似曾相识之感。也有人将这种现象称为“幻觉记忆”。

有人认为这是作灵魂漫游或前世记忆存在的证明。而脑科学界则认为这是因为记忆的存储出现了短暂的混乱，导致大脑把刚刚接收到的信息当成了久远的回忆。也因为如此，这种现象多半是在人们感到疲倦或是被不熟悉事物环绕的情况下出现，因为此时大脑无法一一处理接收来的资讯，就会造成大脑的短暂混乱。

相较于老年人，年轻人更容易出现“既视感”；主要是因为年轻人比较忙碌，并且周围经常会有新鲜事物出现，所以大脑常常会“打结”。

一个世纪以前，当弗洛伊德理论还是领导心理学研究的主流时，分析家就把“似曾相识”解释成潜意识矛盾冲突的体现。但是现在心理学家提出，“似曾相识”不一定发生在深层次潜意识矛盾冲突基础之上。一般健康的大脑不会产生这种感觉，而人们在疲惫和压力状态下时很容易出现这种感觉。此外，它还可能会与“jAmAisvu”（法语，旧事如新）相伴出现，即见到熟悉的事物或文字时却一时间什么都回忆不起来的感觉。

心理学家还指出，“似曾相识”感的出现可能是因为人们接收到了太多的信息，而大脑暂时不能完全处理这些信息，此时，大脑会出现暂时性混乱，就会出现莫名其妙的熟悉感。熟悉感会来源于各种渠道，有些真实，有些却是虚幻的。

当你遇到已经忘记的小说描写的情形时，可能会把它当作自己前世的记忆。或者，当身处了曾经看过电影的真实场景时，虽然表面上看已经完全忘记了这部电影，但还是会勾起惊心动魄的回忆。心理学家认为，人们有时根本不需要真实的记忆，大脑内部就有可能自己制造一种熟悉的感觉。

除此之外，对于这种现象，还有以下几种解释：

（1）人的大脑在潜意识里时时刻刻都在虚构各种情景，当遇到现实中近似的情景时，就会与大脑中虚构的情景相呼应，再加上心理强化的作用，就会产生似曾相识的感觉。科学研究表示，人在睡眠中，大脑仍在对现实中的一些参数进行运算，它会得到许多种结果。似曾相识的情景也是大脑运算的结果之一。

（2）有些大脑活动研究专家认为，这种现象可能是我们大脑某半边处理讯息的速度稍快过另半边造成的。

（3）医学上认为，这是大脑皮层瞬时放电形成的，或者叫作错视现象，也可称为视觉记忆，经常会发生在你身处非常熟悉的环境时。我们的大脑有一个记忆缓存区，当你看见某样东西或者遇见一件事情的时候，会先把记忆存储再缓存区。之所以会有“似曾相识”的感觉，是因为我们在记忆存储的时候发生了错误，把它误存成历史记忆了，你就觉得好像以前已经发生过了。一般在大脑疲劳的时候会比较容易产生这样的错觉。

（4）物理学上称这种现象为时光倒流，也就是在速度大于光速后时空交错，四维空间偶尔发生混乱的特殊人体感觉。当发生某个场景的时候，人的控制神经就会以极快的速度传送于记忆神经，这时大脑的反应还没有传达到记忆神经，所以当大脑的反应传到记忆神经的时候，就会让人感到以前发生过一样。有科学家猜测，这时控制神经和记忆神经的传输速度会大于光速。这是对相对论的一个巨大挑战，当然现在这个理论并没有得到证明，只是猜想阶段。

总而言之，大脑是出现这种感觉的关键。

测试：你是左脑人还是右脑人

生活中的大多数人的大脑，都是以左半球的分析见长，并且以顺序和逻辑的方式行使功能，大脑的左半球主要控制语言、学术研究和理性。相反，大脑右半球主要掌管着创造性和直觉，比如，艺术和音乐作品的诞生就是依赖于这部分大脑的功能。

下面的测试可以帮助你认识自己是左脑人还是右脑人，或者你很幸运，在两块大脑半球之间取得了平衡。该测试还可以帮助你认识偏向一侧大脑的优点和缺点。

准备好了么？现在测试开始：

（1） 你在多大程度上依赖你的直觉?

A. 非常强烈地

B. 不是很强烈，尽管我有时会跟着感觉走

C. 几乎不会，因为我更相信理性和逻辑

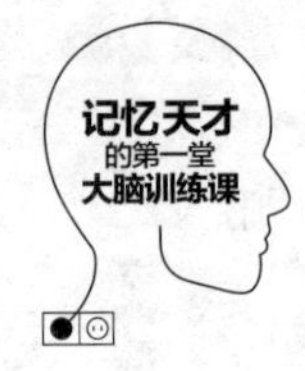

(2) 你是否经常担心我们对待地球的方式?

A. 经常　　B. 偶尔　　C. 几乎没有过

(3) 准时对你而言很重要吗?

A. 不重要　　B. 比较重要　　C. 非常重要

(4) 你是否经常做一些连自己也无法解释的梦?

A. 经常　　B. 偶尔　　C. 很少或从不

(5) 下面哪一项最可能激怒你?

A. 规章制度　　B. 粗鲁无礼　　C. 无能

(6) 关于退休，你最担心的是哪一项?

A. 关于退休，没有什么让我担心的

B. 也许是逐渐变老，身体不再像从前那么好

C. 我会感到无聊，因为在空闲时间没有事情可以做

(7) 下面哪一项对你最有吸引力?

A. 能够做那些我喜欢做的事情

B. 拥有美满的家庭生活

C. 在我选择的行业中取得成功

(8) 你经常信手涂鸦吗?

A. 经常　　B. 偶尔　　C. 很少

（9） 下面哪一个词是对你的最好描述?

A．复杂　　B．知足　　C．精明

（10） 下面哪一个词是对你的最好描述?

A．贤明达观　　B．平静温和　　C．务实

（11） 你是否认为有时挑衅行为是解决问题的必要手段?

A．在任何情况下都不正确

B．也许在非常特殊的情况下是这样

C．是的

（12） 你是否对自己所从事的职业倾注了大部分精力?

A．没有

B．我的确很重视自己的职业，但是除此之外我还花很多时间在自己感兴趣的事情上

C．是的，我认为自己是我所从事行业中的专家，而且工作占据了我大部分时间和精力

（13） 当需要做重大决定时，你喜欢怎样?

A．自己决定

B．与亲近的人商量并且达成一致意见

C．向专家咨询

（14） 下面哪一个词是对你的最好描述?

A．情绪化　　B．果断　　C．有进取心

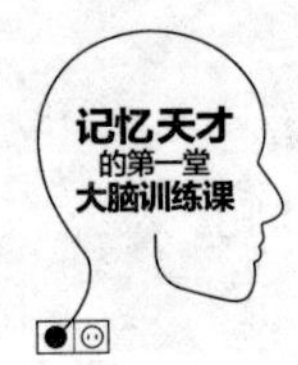

（15） 下面三个选项中，你认为哪一个是学校里最好的课程？

A. 像艺术或金属工艺实习这样的实践课

B. 体育

C. 数学

（16） 下面哪一项是对你最好的描述？

A. 好奇　　B. 很有组织性　　C. 严肃认真

（17） 你是否喜欢给自己定目标并且坚持努力去实现？

A. 不是，我喜欢在感觉自己状态良好的时候才去工作

B. 我有时候的确喜欢制定并执行计划，但是会按照比较灵活的方式

C. 是的，因为这是做事情的最好方法

（18） 你是否经常获得灵感或新想法，甚至让你的大脑无法停下来，直到你将这些想法付诸实践？

A. 经常　　B. 偶尔　　C. 很少或从不

（19） 假如你现在有大量的空闲时间，下面哪一项活动最能吸引你？

A. 做一些有创造性的工作，例如绘画或者雕刻

B. 进行一些体育活动，例如打高尔夫球或保龄球

C. 加入一家健康俱乐部以便让自己保持良好身材

（20） 下面哪一项最让你惊讶不已？

A. 诸如大峡谷这样的自然界奇迹

B. 诸如泰姬陵这样的人类杰作

C. 像帕瓦罗蒂或多明戈这样伟大的歌唱家的美妙声音

(21) 你最羡慕下列哪一项?

A. 鸟类的飞翔

B. 印度豹奔跑的速度和优雅的身姿

C. 狮子的力量和勇气

(22) 当坐下来考试时，你发现下面哪一项最难做到?

A. 集中精力考试和做完后检查

B. 提前克服紧张情绪

C. 不去担心我是否能取得高分

(23) 下面哪一个词是对你的最好总结?

A. 反传统的　　B. 明智的　　C. 耐心的

(24) 你对谚语“要做的事情太多，而时间太少”的看法是什么?

A. 我同意，而且有时会因此感到十分沮丧

B. 我承认的确有很多我想做但没有时间做的事情，但我不会因此而担心或沮丧

C. 我没怎么考虑过这个问题

(25) 下面哪个说法最能代表你对犯错误所持的观点?

A. 犯错误是生活的一部分，而且非常重要，因为我们可以从错误

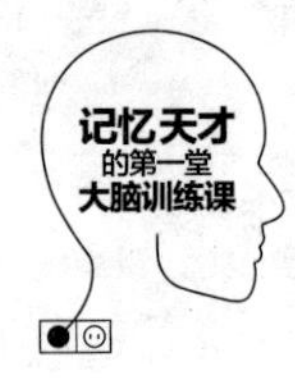

中学习

B. 不犯错误的人是那些什么都不做的人，而这就是最大的错误

C. 我们都会犯错误，但是在生活中，成功属于那些犯错误最少的人

（26）你是否觉得很难持续地去做一个长期的项目，而且中间不停下来干别的事？

A. 是的　　B. 有时是这样　　C. 通常不是这样

（27）选择度假地点时，你最注重下面哪一个？

A. 优美的风景

B. 阳光，海洋和沙滩

C. 令人兴奋的夜生活

（28）你认为下面哪一个词最适合你？

A. 空想家　　B. 坚定的　　C. 有条理的

（29）当需要对重要文件进行归档时，你是否很有条理？

A. 压根就没有什么条理

B. 相当有条理

C. 非常有条理

（30）你最喜欢别人怎样描述你？

A. 充满想象力和创新意识

B. 和蔼，健康

C. 值得信赖，可靠

计分标准：

A 得 2 分，B 得 1 分，C 得 0 分。

测试结果：

30 分以下：与这个世界上的大多数人一样，你是左半脑占主导地位的人。

偏重左半脑的人倾向于接受从部分到整体的方式（也就是线形的方式）处理信息。

左半脑倾向于按顺序（而不是任意次序）处理事情，因此偏重左半脑的人可能是出色的会计师或规划者。此外，拼写可能也是偏重左半脑的人的一个强项，因为拼写与顺序有关。偏重左半脑的人更可能在他们从事的行业中成为专家。

对于偏重左半脑的人而言，借鉴某些右半脑的思维方式也许会很有益，特别是对于创造性思维能力和直觉的开发。

30 ~ 47 分：你在左、右半脑之间有比较好的平衡，没有过分地偏重其中某一侧。尽管这是一种相当好的优点，但这不是让你感到欣喜的理由。

平衡型大脑的一个不足之处在于，你比明显偏重某一侧大脑的人更容易出现内部冲突。有时，这种冲突是你所思考和所感觉之间的不一致，而且可能涉及你处理问题和解释信息的方式。

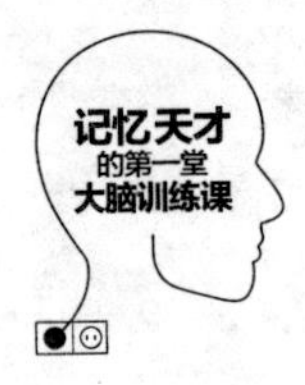

从积极的方面看，拥有平衡型大脑的优点在于，当你着手解决问题时，你可以同时构想事物的大图景和细枝末节。例如，建筑设计师要想将自己的想法变成可操作的现实，就必须在创造力和逻辑以及细节之间取得平衡。

对于拥有平衡型大脑的人而言，由于他们思维的巨大灵活性，他们拥有天然的能力和优势，可以在多个领域中获得成功。

当大脑的两半球以平衡的方式工作时，学习和思维过程可以得到强化。

48 ~ 60 分：你的得分表明你是一位偏重右半脑的人。我们大脑的右半部分是用来控制空间能力、艺术表达、创造性思维、内部意识以及许多下意识思维和情绪反应的。

右半脑是知觉的半脑，它从整体上想象和构想事物。换言之，你倾向于看见大图景，而不是琐碎的细节。同样，右半脑负责将许多单个的碎片重建成一幅整体图像，同时让我们产生梦、想法和概念。

作为一位偏重右半脑的人，你可能会喜欢艺术和音乐。由于你的右半脑占主导地位，你可能倾向于通过下意识或者创造性的方式学习，对情境产生一种情绪化的反应，而不是精确的逻辑分析。在许多情况下，你能够轻松获得问题的正确答案，尽管你不能确定答案是如何取得的，所以直觉对于右脑人而言是十分重要的。